環境教育／ESD 絵本試論

―― 対象・関係認識を育み，他者性・当事者性理解を促すために ――

大森 享 編著

創風社

は じ め に

　本書誕生のきっかけは，片山健の絵本『どんどん どんどん』（1989）を読んだ時の絵本の持つ教育力とでも言って良いような衝撃に出合った事でした。
　大きなパンツ（＝おむつ）をはいた裸の男の子がただ ただ歩いています。街を破壊し，怪獣が飛び出し，やがて，「どーん」と倒れ込み，お座りして小さな土の山を作り，また立ち上がり，どんどん どんどん歩いていきます。エネルギーの満ち満ちた幼児が描かれています。
　この絵本をじっくり読み観ているうちに，直立二足歩行を獲得したばかりの幼児のあふれるような，ただ ただ どんどん どんどん歩いていくエネルギーのすさまじさが読む者の全身を通して伝わってきます。まさにこのような伝わり方に絵本の持つ教育力とでも言って良いわかり方があるのではないでしょうか。直立二足歩行による人間化の第一歩から，やがて街を破壊し，新たな社会に向けた「脱人間化」（矢野智司）が，『どんどん どんどん』で豊かに表象（イメージ）化され，感覚・知覚を呼び覚まし，感覚・知覚，表象（イメージ），概念（コトバ・記号）という認識の３つのレベル（中村行秀）が相互に深く関わり統一されてきます。
　「はいはい」から直立二足歩行という人類の獲得した身体能力を身につけた喜び，それはヒトから人間化に向けた飛躍の一歩であり，自然界から生まれ人間として成長するそのすさまじいエネルギーのほとばしりが，片山健の指を使った力強いタッチで描かれています。
　生物的進化によって自然界から誕生し，社会的進化を経てヒトから人間化する高等哺乳動物である「パンツの男の子」は，自然界を突き進み，やがて，人間社会を破壊していきます。そのエネルギーはこれからの新しい人間社会を築く人類の子どもの役割の発現として力強く読む者に語りかけてきます。
　『どんどん どんどん』は，高等哺乳動物の子どもとしてのヒトが人間化するたくましいエネルギーと喜び，将来，人間として自然と人類の新たな持続可能性に基づく関係性を構築していく歴史的役割を展望しています。
　乳幼児の頼りなげな行動が，エネルギーに満ちた日々成長・発達を遂げているたくましい存在として浮かび上がっていきます。

このような「わかりかた」を促す絵本の持つ教育力に着目したいと考えました。環境教育／持続可能な地域・社会に向けた教育（ESD）は，単に知識の量の獲得を目指す教育ではなく，現実世界の諸問題にコミットしそのより良い変革を担える主体形成・主権者形成に向けた教育であり，課題に対する科学的認識を促し，他者性・当事者性理解を深め，協働的主体的に解決する「知恵と力とわざの基礎・基本」を獲得する教育です。

　絵本は，読者が物語の世界に入り込み，現実世界から離れ，現実世界ではともすれば軽視されるような正義・勇気・平和・平等・民主主義などを深く感じ，モラル形成に関わるものであり，登場するものに寄り添い課題に対する当事者性を育むことを促すでしょう。

　絵本を通してモラル形成，当事者性などを促すことは，現実世界のより良い変革に関わる持続可能な地域・社会の像や観の形成，行動に転化する情動（アントニオ・R・ダマシオ）エネルギー形成の土台となるでしょう。

　本書は，2年間強にわたり毎月1回開催された北海道教育大学釧路校大森ゼミナールの学生と琉球大学教育学部からの留学生による絵本検討会及び東京「子どもの環境教育／ESD研究所」（尾崎優事務局長）による絵本検討会を踏まえ刊行されます。

　第1章で環境教育／ESDをすすめる絵本をめぐる考察を行い，第2章で絵本検討会を踏まえた絵本紹介が載っています。絵本紹介コメントが，読者のみなさんの読み取りの参考になればと思っています。巻末には，本書で取り上げた絵本一覧が載っています。

　本書が，絵本の持つ教育力についての考えを促し，絵本選びのヒントとなり，子どもの成長・発達・教育と絵本の活用が一歩でも進めることができれば，望外の喜びです。

　2年間強にわたり絵本検討会に参加されたみなさん，コラム欄に貴重な原稿をお寄せいただいたみなさん，イラストを描いてくれたみなさん，快く出版を引き受けていただいた創風社千田顯史社長，ありがとうございました。

2015年11月　大　森　享

目　次

はじめに……………………………………………………………………………… 3

第 1 章　環境教育／ESD をすすめる絵本をめぐる考察……………………… 9
　　　　　（大森享）

　《コラム 1 》　小学生と絵本（内藤谿子）………………………………………20
　《コラム 2 》　中学生と平和（諫山邦子）………………………………………23
　《コラム 3 》　高校生と絵本（渡部裕司）………………………………………26
　《コラム 4 》　野生動物保全教育と語り（戸川久美）…………………………30

第 2 章　絵本の森の羅針盤………………………………………………………35
　　　　　──環境教育／ESD をすすめる絵本紹介──
　（岸康裕，尾崎優，渡部裕司，大成菜摘，山根彩，菅原光拳，奈良山稔里，
　　吉沢信也，河野純平，長谷場舞）

絵本分類一覧……………………………………………………………………116

環境教育／ESD絵本試論
―― 対象・関係認識を育み，他者性・当事者性理解を促すために ――

第1章　環境教育／ESDをすすめる絵本をめぐる考察

　第1節では，環境教育／持続可能な地域・社会に向けた教育（以下 ESD）を考察する視点として，わかるということについていくつか述べたいと思います。わかるとは表象（イメージ）がより正確により豊かに形成されることであり，日常生活において生きて働く知恵の獲得であり，現実世界にコミットできることです。このようなわかり方について考えます。

　第2節では，環境教育／ESD 絵本について考えます。

　コラムで，「小学生と絵本」「中学生と平和」「高校生と絵本」「野生動物保全教育と語り」について紹介します。絵本・物語・語りなどによる子ども・青年への教育力・影響力について国語，平和教育，公民科，野生動物保全教育の領域から述べてもらいました。

第1節　わかるとは何だろう

　コトバ・記号による効率的な知識の獲得に傾斜したわかり方を転換し，感覚・知覚を揺り動かし表象（イメージ）を豊かに育てる経路と，コトバ・記号による科学的概念とが弁証法的に統一するわかり方の重要性について考えます。

　環境教育／ESDはこれからの持続可能な地域・社会を築く教育であり，対象・課題に対する対象認識と対象・課題と学習者との関係認識を耕し，対象・課題に対する他者性と当事者性を統一するわかり方によって，対象・課題に関わり変革する活動の意欲と結びつくわかり方へと，従来のわかり方の転換を見据えたわかり方の探究が重要です。

　現代的歴史的な地球環境諸問題を単に知識の量として貯め込む，すなわち従来の教育の延長ではなく，環境問題の解決と予防に向けた活動の意欲に結びつくわかり方への転換に向けた検討が必要でしょう。

　そのようなわかり方を通して，教育は，従来のコトバ・記号による効率的だが剥落しやすい知識の量的獲得を目指すのではなく，感覚・知覚と表象（イメージ）を豊かに育み，科学的概念と弁証法的に統一するわかり方により，子どもの対象認識・関係認識を促し，対象に対する他者性・当事者性理解を育てる

ことへの転換を目指すことが重要です。

　以上の認識における考察に加え，認識は何らかの情動・感情を伴います。認識と情動・感情の関係性については，感覚・知覚に対応する情動，表象（イメージ）に対応する情念，概念に対応する情操（中村行秀1989）とするならば，ただし，情動と感情は生物的進化の過程で情動がその生物個体を守る働きとして最初に発生し，その後大脳の発達により感情が発生（アントニオRダマシオ2003）しましたが，第1章では，「認識が対象そのものの反映であるのに対して，（情動・）感情は対象の客観的性質・機能に対する主体の態度の反映」（中村行秀1989）とし，情動，情念，情操という3つのレベルで主体と対象との関係性の表出として捉え考察を進めたいと思います。

1　認識の3レベルとわかり方について
――感覚・知覚，表象，概念――

　大脳における対象の能動的反映を認識とし，その反映には，感覚・知覚，表象（イメージ），概念（コトバ・記号）（中村行秀1989）というレベルがあります。

　「わかる」とは，感覚・知覚による具体的個別的な認識，対象に関する表象（イメージ）による認識，それらをより豊かに正確にする概念（コトバ・記号）による認識とが弁証法的に関わり合いながら，対象に対するより正しい客観的反映としての認識です。

　概念（コトバ・記号）による認識だけではなく，その概念が表象（イメージ）化されることが「わかる」事であり，そのためには，概念，表象（イメージ）を支える感覚・知覚による個別的具体的な認識が必要となるでしょう（図1―1）。

　ヴィゴツキーの「語義」をコトバ・記号による概念的認識，「意味」を個別的具体的な感覚・知覚による認識とするならば，両者の統一としての表象（イメージ）化による認識によって，学習者に「わかる」という事が生じます。例えば，ウナギがわかる（＝認識する）と言う事を考えてみましょう。

　実際にウナギを見る・触る・食べる等直接体験を通した感覚・知覚による認識は，例えば，「ヌルヌルしている」「細長い」「腹は白い」‥を認識します。そのことによりウナギのイメージ化が学習者になされます。個別的具体的な感覚・知覚による認識に加え，コトバによる概念で，マリアナ海峡の深海で産卵され，

図1—1

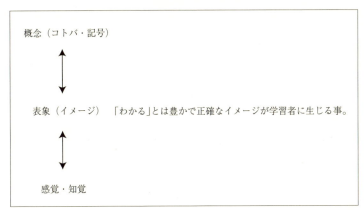

はるばる日本にやってきて成長するというウナギの認識がより正確に促されていきます。
両者が関わり，より正確で豊かなイメージが形成され「わかる」のです。
　そのようなイメージ化を促す『ウナギのうーちゃん』（くろきまり 文　すがいひでかず 絵 2014）という絵本を紹介します。
この絵本は，ウナギの研究者である作者が，ウナギに対する科学的知見を前提に「主人公ウナギのうーちゃん」として物語化したものです。
　深海や海の様子，川に上ったウナギのうーちゃん，うーちゃんの様々な体験を描きながら，やがて産卵場所である深海に戻っていくドラマが展開されています。
　ウナギのうーちゃんを主人公に物語が展開することによって，子どもたちは，その物語の中に入り込み主人公と共に体験する非日常から学び，個別的具体的認識を促す感覚・知覚とコトバ・記号を通した概念による認識とが結合し，より正確で豊かな表象（イメージ）が形成されることが「わかる」事です。

2　わかり方と行動について

（1）　認識・感情と行動
　認識は対象に対する能動的反映，感情は対象と認識主体との関係性の表出（中

図1―2

2つの認識	2つの立場	感覚・知覚	表象	概念
対象　認識	対象そのものの認識＝他者性理解			
	対象の立場からの認識＝当事者性理解			
関係認識 （認識主体と対象の関係の認識）	認識主体から			
	対象から			

村行秀1989），人間の行動エネルギーの源泉は情動（アントニオRダマシオ）という考えを基に，行動に関わる「わかり方」について考えます。

私の大学授業「環境リテラシー」（地域・環境教育専攻1年生42名・2014年度）で絵本の紹介をした時，「今までヒグマに対するえさやり問題など知っていたけど，この絵本でよくわかった」という感想が出ました。

人間の食べ物の味を覚えた「ソーセージ」という名前のヒグマが，ある時，登校前の校庭に出没し射殺されてしまった出来事を基に描かれた『しれとこのきょうだいヒグマ　ヌプとカナ』（あかしのぶこ2008）を読み聞かせた感想です。調査に基づくヒグマの生態などの科学的知見と事実を基にしたヌプとカナという主人公の物語です。その物語に入り込み，主人公と共に体験することでヒグマの立場から人間社会を見つめ直す，そのような絵本です。

ヌプとカナと言う主人公に寄り添い，ヒグマの世界に入り込んだことにより，対象であるヒグマとの関係が，人間からの他者性理解からヒグマの身になって考える当事者性理解を促したことによる，すなわち感情が揺さぶられる事をともなった認識です。単に対象を客観的に認識することだけでなく，対象の身になって認識する当事者性理解を促す認識によってヒグマから見たヒグマと人間社会との関係性の認識も形成されました（図1―2）。

科学的知見に基づくコトバ・記号による認識は認識主体とは違うという他者性理解を促す対象認識を進め，対象と自分・自分たちとの関係性を促す認識による対象と関わろうとする当事者性を促すことによって対象に対する行動の意欲が耕されていきます。

絵本『しれとこのきょうだいヒグマ　ヌプとカナ』は，主人公の世界に入り

込むことによって，他者性理解と当事者性理解を伴う対象認識・関係認識を促し，文字と絵による感覚・知覚，表象，概念が統一され「わかること」が促されます。

（2） 科学的認識が中核となり文学的表象が外被となる

モラル形成にとって「自己一身上」の問題として対象を認識することが重要であり，科学的認識を中核に外被として空想力（想像力・構想力）とか誇張力とかのアクセント機能が重要です（戸坂潤1936）。

絵本『ピリカ，お母さんへの旅』（越智典子 文 沢田としき 絵 2006）は，生態学的知見をもとに，文学的表象としての想像力・構想力・誇張力を生かし，サケのピリカを主人公にして，いかにサケが成長して個体は死んでも連綿と種を継承している命の連続性という文学的表象を通して，サケとサケの環境をサケから捉えるものとして展開されています。

このことを通して，読者は深くサケを理解しモラル形成がなされていきます。主人公ピリカというサケの物語は，物語を支える科学的知見（＝サケの生態学）を軸に，想像・構想による誇張化がなされています。そのことによって，サケと言う対象に対する科学的認識による対象理解（他者性理解）とピリカという主人公の世界に入り込み当事者性を持ったサケ理解を促し，他者性理解との結合により，サケの立場に立って世界をとらえ直そうとします。サケを主体とした環境世界の認識と人間社会に対するオルターナティブな見方を育みます。主人公に寄り添いワクワクドキドキしながら，絵と文字によるイメージ化により，感情が揺り動かされていきます。

第2節　科学的認識と文学的認識アプローチによる絵本分類

環境問題解決・環境問題予防及び持続可能な地域・社会に向けた認識・知識・態度・技能・参与を育み，現実世界にコミットできる人々の世界的な数を増やす環境教育及びESDへの転換における「わかり方」の視座を踏まえ，絵本の分類及びその活用について考えます。

1　環境教育／ESD絵本分類試論

環境教育／ESDを進める絵本には対象や課題に対する科学的知見を中心に，概念，表象（イメージ），感覚・知覚による「他者性理解を促す絵本」とその物

語世界に入り込み対象を我がこととする「当事者性理解を促す絵本」があります。両者を統一する科学的認識を中核とした文学的表象をまとった絵本があります。

この絵本を「文学的科学的認識アプローチ絵本」とします。例えば，『つばめのハティハティ』（箕輪義隆絵　実竹孝子文 2013），『ピリカ，おかあさんへの旅』（越智典子文　沢田としき絵 2006），『うなぎのうーちゃん　だいぼうけん』（くろきまり文　すがいひでかず絵 2014），『しれとこのきょうだいヒグマ　ヌプとカナのおはなし』（さく・え　あかしのぶこ 2008），『ぼくからみると』（高木仁三郎ぶん　片山健え 2014），『もこ　もこもこ』（たにがわしゅんたろう　さく・もとながさだまさ　え 1997），『チロヌップのきつね』（たかはしひろゆき　文・絵 1972），『うんこ！』（サトシン　作　西村敏雄　絵 2010），『エゾオオカミ物語』（あべ弘士 2008），『タンゲくん』（片山健 1992）等があります。

次に，文学的表象による外被が上記より少なく，より科学的認識に近い絵本で現実世界の出来事を典型的な事例によって伝える絵本があります。これを「科学的認識アプローチ絵本」とします。

この絵本の典型は，図鑑的な紹介絵本であり，事実物語り絵本です。

例えば，『さかなのかお』（え　ともながたろ　ぶん　なかのひろみ　まつざわせいじ 2004），『やさいのおなか』（きうちかつ　さく・え 1997），『じめんのうえとじめんのした』（アーマ E. ウェバーぶん・え 1968），『おなら』（長　新太さく 1978），『CO_2』（三浦太郎 2008），『雑草のくらし』（甲斐信枝　さく 1985），『たべることはつながること』（パトリシアローバー作　リーケラー絵 2009），『エネルギーってなんだろう』（キンバリーブルベイカーさく　ポールマイゼルえ 2010），『りっぱなうんち』（きたやまようこ 2010），『ひめゆり』（文姫百合平和祈念資料館　絵三田圭介 2011），『リュウキュウアユ，かえってきてね』（真鍋和子・文　土田義晴・絵 2002），『いのちをいただく』（原案　坂本義喜　作内田美智子　絵　魚戸おさむ 2013），『のにっき』（近藤薫美子 1998），『ゆきのうえのあしあと』（ウオン・ハーバート・イーさく 2008），『つなみ』（田畑ヨシ　作 2011）等があります。

最後に，持続可能性の概念は，環境，貧困，人口，健康，食料の確保，民主主義，人権や平和を全て包含し，持続可能性とは究極的には文化的多様性や伝統的知識を重んじる道徳的，倫理的義務（テサロニキ宣言 1997）とあるように，平和，人権，民主主義などの情操を耕しモラル形成を促す環境教育／ESD を進める絵本があります。

これを「文学的認識アプローチ絵本」とします。ただし，科学的認識を中核とした文学的表象（＝空想力，誇張力，アクセント機能等）（戸坂潤 1936）がモラル形成において重要であるという指摘を引き取るならば，科学的認識を耕すことも視野に入れておく必要は生じるでしょう。
　例えば，『ハチドリのひとしずく』（監修・辻信一 2005），『わすれられないおくりもの』（スーザン・バレイさくえ 1984），『葉っぱのフレディ』（レオ・バスカーリア作 1998），『100万回生きたねこ』（佐野洋子 作・絵 1977），『どんなにきみがすきだか　あててごらん』（サム・マクブラットニィぶん　アニタ・ジェラームえ 1994），『１００まんびきのねこ』（ワンダ・ガアクぶん　え 1961）等があります。
　この「文学的認識アプローチ絵本」は，人間と自然（＝野生生物）との関係を表象（イメージ）化するうえで重要な絵本であり，生きること・いのち等存在的価値に関わる子どもの内的自然を耕す重要な絵本です。例えば，『おなかのすくさんぽ』（かたやまけん 1981）『どんどん　どんどん』（片山健 1984）『かいじゅうたちのいるところ』（モーリス・センダックさく 1975），『もりのなか』（マリー・ホール・エッツぶん／え 1963），『またもりへ』（マリー・ホール・エッツぶん／え 1969）等があります。
　また，子どもがその世界に入り込み楽しい世界を体験しまた現実世界に戻ってくる，生きる喜び等のエネルギーを得る重要な絵本です。例えば，子どもが喜ぶ『ぐりとぐら』（なかがわりえこ　と　おおむらゆりこ 1963），『バムとケロのにちようび』（島田ゆか 1994）等のシリーズ作品があります。以上，文学的認識アプローチ絵本は，生きる喜び，存在的価値，「脱人間化」（矢野智司 2002）等，人間とは何か，人間はいかに生きるべきか，人間と自然の共存に向けた認識を支える情動・感情を耕す絵本となるでしょう。
　以上をまとめると
　1—1）科学的認識アプローチの絵本
　科学的知見をより分かりやすく伝えるための絵本です。物語性は乏しいですが，より分かりやすく知識を伝えます。環境を捉える基礎的基本的枠組みを伝える絵本です。
　1—2）文学的認識アプローチの絵本
　伝えたいモラルを軸に展開される絵本です。『ハチドリのひとしずく』等好例でしょう。

図1—3

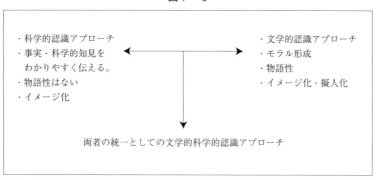

　登場する動物はその背景としてその動物の生態は反映されていません。擬人化によるあるべきモラルを伝える登場者として描かれた絵本です。人間と自然との関係性や生きること・いのち等の存在的価値に関わる絵本であり，絵本の世界に入り込み，生きるエネルギーを得る絵本です。
　上記を基準とし，科学的認識アプローチと文学的認識アプローチの度合いによる絵本の分類として，
　1—3）科学的認識と文学的認識アプローチが統一された絵本
　登場する生き物の背景となる生態学的知見が反映され，かつその生き物を主人公とした物語が展開される絵本です。
対象認識における他者性と当事者性理解を促し，その生き物（主人公）の立場から環境を見るもう1つの理論枠が育まれます（図1—3）。
　図1—3の分類枠により，

①　科学的認識アプローチ絵本
　①−1）図鑑絵本
　①−2）事実物語絵本
②　文学的認識アプローチ絵本（＝擬人化モラル絵本）
③　両者の統一として文学的科学的認識アプローチ絵本

とします。

2　環境教育／ESD 絵本試論に向けて ――まとめにかえて――

　第1章を終えるにあたり，子どもにとっての絵本という視点からいくつか述べ，環境教育／ESD 絵本をめぐる試論に向けた一歩を提案したいと思います。日本の絵本の編集・出版をリードしてきた松居直は，その著書で，「子どもは空想の世界と現実の世界が連続している」「常識と科学的事実に対し芸術的真実の価値と力の存在ということに絵本の中のリアリティーがある」「絵本は大人が読み聞かせるもの。何かを教えるとかではなく，子どもが絵本の世界に入り込み，面白いという体験をすることが大切である」（1973，1978）と述べています。

　「わかる」事をめぐる考察において，認識の3レベルと感情の理論枠から絵本の持つ教育力を述べてきました。そのような枠組みの検討において，子どもにとっての絵本とは？という視座により，いわばその視座を通過した環境教育／ESD 絵本試論の一歩を考えたいと思います。

（1）絵本を論じる2つの基本的視座
　①　絵本の世界に入り込み「ああ面白かった」「びっくりした」「わかった」という体験をすること。
　②「芸術的真実の価値と力」という絵本の中のリアリティーの2つの視座をくぐり抜けること。

（2）絵本分類視座
①　科学的認識アプローチ絵本（図鑑絵本・事実物語絵本）
　・科学的事実，現実を結晶化した作品です。
　・難しいこと複雑なことを単純化・濃縮し典型として提出しています。
　・文学的表象（想像力・構想力）による飛躍があります。
　科学的認識アプローチ絵本として，例えば，『ちきゅうがウンチだらけにならないわけ』『チョコレートがおいしいわけ』等は，事実に基づきそれらをわかりやすく典型化しています。事実・科学的知見を背景として文学的飛躍（創造・構想等のアクセント）から作品化されています。
　わかりやすく典型化している絵本であり，ある対象の理解を促し，知識の獲得という面が強く，教師などが教えたいと考える時や子どもたちの知識獲得から読まれるでしょう。

② 文学的認識アプローチ絵本（擬人化モラル絵本）

ユーモア，悲しみ，孤独，支え合い，別れ，死，いのち等，情操に働きかけるテーマ性のある作品です。

文学的認識アプローチ絵本として，例えば『ハチドリのひとしずく』『わすれられないおくりもの』『やさいのおしゃべり』等は，テーマ性がありモラル形成としてストレートに感情に働きかけるでしょう。子どもが絵本の世界（非日常的世界）に入り込み，楽しく体験し，現実世界に戻ってくる絵本です。その世界で，野生生物（＝自然）との融合体験（溶解体験＝矢野智司）によって，例えば「自然が不自然な感性」と対峙する，人間化によって自然界から断絶した環境によって生活する人間の自然性を呼び覚まし，これからの「ナチュラルさ」（小原秀雄）を生みだし，脱人間化（矢野智司）を目指す，命や経済的価値から存在的価値（大田堯）への子どもによる獲得という感性の耕しが行われるでしょう。

子どもの持つ内的自然性を豊かに耕し，これからの人間社会を築く，自然との共存による脱人間化という現代的歴史的人類の転換点を乗り越える契機となります。持続可能性に向けた教育を進めていく土台として，自然体験とともに重要な教育力を発揮する絵本といえるでしょう。

（3）科学的文学的認識アプローチ絵本

科学的事実・法則を中核に，文学的表象を外被としてまとった作品です。

科学的文学的認識アプローチ絵本として，例えば『トビウオのぼうやはびょうきです』は，アメリカによるビキニ環礁水爆実験という事実を「トビウオのぼうや」を主人公に扱った絵本，『チロヌップのきつね』はアジア太平洋戦争における旧ソビエト連邦との戦争体験を基にキツネを主人公に扱った絵本，『トキのキンちゃん』は佐渡島の最後のトキがなくなった事実をキンちゃんという実在のトキを主人公に絵本化したものです。

これらの絵本は，科学的知見を背景に持ち，登場者に寄り添って作品化された絵本といえます。子どもたちの認識を，当事者性理解を促しながら高める絵本といえるでしょう。

以上の視点に基づいて，第2章の絵本分類を試みますが，各絵本の紹介コメントから自由に考えていただければと思います。本書が，絵本の森の羅針盤として，モラル，情動，対象に対する認識の基礎的枠組み等の形成力と子どもや

大人の明日を生きる力を育み，世界を築く「知恵と力とわざ」の重要な土台となることを考察するたたき台となることを願っています。

参考文献（絵本については本文中に記載）

アントニオ R ダマシオ（2005）（『感じる脳』ダイヤモンド社。
アントニオ R ダマシオ（2010）『デカルトの誤り』筑摩書房。
小原秀雄，岩城正夫（1984）『自己家畜化論』群羊社。
河合雅雄・松井直・柳田邦男（2001）『絵本の力』岩波書店。
小松崎進（1998）『この本だいすき』高文研。
寺村摩耶子（2010）『絵本の子どもたち』水声社。
戸坂潤（1966）『戸坂潤全集 第 4 巻』勁草書房。
中村行秀（1989）『哲学入門』青木書店。
松居直（1973）『絵本とは何か』日本エディタースクール出版部。
松居直（1978）『絵本を見る眼』日本エディタースクール出版部。
矢野智司（2002）『動物絵本をめぐる冒険』勁草書房。
矢野智司（2014）『幼児理解の現象学』萌文書林。

《コラム 1》　小学生と絵本

　私の教室は，いつも本が大きな座を占めていた。本の大きな力に支えられての学級経営だった。子供たちの豊かな発想にはとてもついてゆけず，感心するばかりだったが，おかげで私も大いに楽しませてもらい，認識を新たにすること大であった。それぞれが本を通して種々なところに行き，種々な人に出合い，種々なことを体験し，心を肥やしていく姿を見た。彼らの変容を通して本の素晴らしさを思い知らされた。

1　なっちゃんたちと同じだよ（当時 小1男子）

　1年生のS君。いつもズボンからシャツがはみ出したままで，自由奔放にふるまう元気いっぱいの男の子。S君は，鋭い感性の持ち主だ。彼の想像力，鋭い感性にはっとさせられ，その豊かさに感心させられることが度々あった。

　教室での絵本の読み聞かせの途中でつぶやく（大声で）ことのなんと素敵でかわいいことか。彼は聞きながら，お話の世界を思い浮かべて大いに楽しむ。話の中の人物になりきって何かを感じ取ったら，すぐ声に出さずにはいられないのだ。いつも，彼のつぶやきから教室のみんなの想像が広がり話が盛り上がるのだった。

　彼の母親は生活に忙しく，絵本を与えることも読み聞かせをすることもほとんどなかったという。何が彼をこのように育てたのか。一番の要因は，家庭で締め付けられずに愛情いっぱいのびのびと大らかに育ったことだと思う。さらに，保育園の先生が絵本を沢山読み聞かせてくれたことが大きかったと考える。毎日絵本を読んでくれたという。そのおかげで，彼は絵本が大好きになったのだろう。本の世界を思い浮かべ，感じる中で彼の心は育ったのだろう。読むこと，書くことはあまり得意ではないが，聞くことは大好き。そこから，豊かな想像力・鋭い感性が育ったのだといえそうだ。話の世界を心の中に思い描き，豊かな発想で拡げ，大いに楽しんでいたに違いない。

　入学当初，彼の一番のお気に入りは，『ちいさなきいろいかさ』（もりたひさし作，にしまきかやこ絵，金の星社）だといっていた。一番好きなところは，

かさが大きくなってみんなが入れるようになるところと，みんなで考えて木の間を通ったところだと身振りを交えて話してくれた。私のクラスの子もこの話が大好きになった。せがまれて何回も読み聞かせをした結果，みんなが諳んじてしまうほどだった。

Sくんはなっちゃんと同じような黄色い傘を持っていた。にわか雨の時，S君が友達に話しかける言葉を聞いて，私は胸が熱くなったことを今でも思い出す。「僕のかさはなっちゃんのみたいに大きくならないけど，大きくなった気分でくっついて入っていけば濡れないよ。なっちゃんと同じだよ。一緒に入って行こうよ。」

S君は今は26歳。父親の郷里で立派な左官屋さんになっているという。

2 青い服の女の子と同じだったの？（当時小4女子）

私は，国語の授業で『おこりじぞう』（山口勇子原作，金の星社）を取り上げることにした。だが，原爆の悲惨な状況を描いている作品なので，取り上げることにためらいもあった。4年生の児童はどう受け止めるのだろうか，どう感じるのだろうか，私がそれにうまく対応できるのだろうかと自信がなかったからである。

しかし，いざ授業を始めてみると，児童はみんな真剣に意欲的に読み進んだ。中でもM子はしっかりと受け止め，小さな胸を痛めたようだった。

M子の母親は広島市出身，祖母は被爆者で当時は通院中だったという。M子は夏休みには祖母のところに行き，原爆資料館なども見ていたという。しかし，「おこりじぞう」を読んでいた時，泣きながら広島の祖母に電話をしていたそうだ。

「おばあちゃんも本当にこんなだったの？」「おじいちゃんが死んだ時，本当にこんな様子だったの」「青い服の女の子と同じだったの？」と。

私は「おこりじぞう」の授業が終わった後に母親からこの話を聞いた。授業を進めているときには私はM子の反応をキャッチできなかったので，授業に結び付けることはできなかった。母親は「文学の力ってすごいですね。今まで資料館に連れて行ったり話をして聞かせたりしていたので，原爆についてある程度分かっていたと思うのですが，今回のような様子は初めてでした。お話を読んで，その悲惨さ，被爆者の苦しみを深く心で受け止めたようでびっくりしました」と話してくれた。

本を読むということ，それは登場人物の行動や思いを追体験し自分に引き寄せて考えることになるのだが，M子は，まさに物語の世界を追体験し，その悲惨さを実感したのだろう。
　M子の小さな胸の中に，大きな思いを残したに違いない。
　私はM子のケースで，作品世界を追体験するということは，実物を見ることより強いことがあるのだと教えてもらった。M子は，原爆についてある程度知っていた，身近に被爆者がいたということで，なお深く心に刻み込まれたのだと思う。登場する青い服の女の子の心を深く思い浮かべることで強く心に響き，泣きながら祖母に電話をせずにはいられなくなったのだろう。

　3　あんなことがあってはならない（当時小5女子・現在1児の母親）

　H子は40代，2年生の元気な男の子のママである。去る6月に，25年ぶりぐらいに息子と一緒に我が家に遊びに来た。その息子が発達障害の疑いがあるとかで，その心痛から自分も薬を飲むようになってしまったと悩んでいた。でも，昔の同級生の話などで盛り上がり，楽しい時を過ごすことができた。
　その時，彼女の口から出た言葉が意外だった。5年生の時に学習した『お母さんの木』（大川悦生，ポプラ社）が心から離れないというのだ。五郎たちを戦地に送り出したあのお母さんの気持ちを思うと，今の私にはとても耐えられそうもない。5年生の時よりも母親になった今の自分の方が，お母さんの気持ちがよくわかると話し出した。この息子を絶対にそんな場に立たせてはならないと考えているという。折しも，この作品が映画化されて話題になっていた。自分が最後まで映画を見ることに耐えられるかどうか自信がなくて怖いけど，見に行こうと思っていると話していた。また，国会で話題になっている法案の行方にも強い関心を持っているとも話していた。
　作品を読み，五郎たちの母親の立場を追体験したことが，30年後の今になっても心に残り，現在の彼女の行動をも左右している……，本の大きな力を知ると同時に，良い作品に出合ってよい学びあいをすることの大きな意義を感じた。

（内藤 谺子）

《コラム2》 中学生と平和
―― 中学生の読書感想文コンクール受賞で思うこと ――

　今から，7年ほど前に，娘2人を連れて沖縄に行く機会がありました。ひめゆりの塔など，沖縄の地上戦に関連する地域も訪れましたが，小学2年生の次女・莉奈には，理解の及ばない事が多かったと思われます。今年，中学3年生になった娘の学校の取り組みで，読書感想文コンクールへ応募した作文が，第28回平和図書読書感想文コンクール最優秀賞との評価がなされました。本人いわく，『白旗の少女』の一部分を小学校低学年で読んだ時には，ただとても怖かったとの印象が強かったが，今回は一気に読み終え，心が揺さぶられるような感覚に何度もなったとのことです。

　50代の私自身も含め，戦争を知らない世代は，残念ながら真の実感がわかないのは当然で，広島・長崎の若い世代の語り部も，直接戦争時代を生きてきた体験者に比べれば，説得力が少なくなってしまうのは事実だと思われます。しかし，すべての事柄を直接に体験することは不可能であることからすると，書籍や人や資料から，信頼のおける真実を選び出して，自分の価値観を作り上げていくことが重要であると考えられます。

　核兵器廃絶にかかわって，時代を担う若い世代が被爆体験等を知ることで，戦争の残酷さや悲惨さ，平和の尊さや，生命の大切さを，自分たちの目線で考え，知恵を絞って伝えていくことが，日本ができる有効な手段の1つだと言えます。それゆえ，青少年ピースフォーラムなどをはじめとする若者の若者による若者のための取り組みなどを，大人がサポートすることが期待されるところです。

　今回の受賞を契機に，娘・莉奈は，釧路市の8月15日の戦没者慰霊式で，中学生の代表として式典での献花を行わせていただきました。また，被爆地訪問市民代表団数名の1人として，8月初旬に3泊4日，長崎市に派遣され，長崎平和祈念式典への参列や青少年ピースフォーラムで全国からの青少年と交流するなど，貴重な体験をさせていただき，帰釧後も平和の大切さを若い世代に伝えるため，10月下旬の報告会で5分間スピーチを行わせていただきました。

　このような中で，これまで戦争の悲惨さをほとんど話さなかった――いえ，

辛くて話せなかった——祖母が，同居する孫の作文を読んで，平和に関わる行事に携わるのを見て，感じるところがあったのか，釧路空襲の様子を少しずつ家族に語り始めました。私たち親もこの数ヵ月，戦争の番組や記事，報道に敏感になり多くのことを知り，考え，学ぶことができました。身近な若者とは，このように大きな影響や可能性を秘めているものです。

　それでは，下方の第28回平和図書読書感想文コンクール最優秀賞の作品，娘の拙著をご笑覧いただき，戦争のない平和に一歩でも近づくために，大人の皆さんは若者をどのように支援できる方策があるか，また，若い皆さんはどんなことをして行きたいかに思いを馳せてただければ，衷心より幸いに存じます。

　「すぐそこにある幸せ」　北海道教育大学附属釧路中学校3年　諫山　莉奈

　あたたかい家で食事ができる，友達や家族と笑い合うことができる，夜は布団で寝ることができる，勉強できる，遊べる。これらのことは，私たちの生活の中で当たり前のようにあることなのではないでしょうか。少なくとも私は「白旗の少女」を読むまではそう思っていました。

　私は以前，小学校低学年くらいの時にこの『白旗の少女』の一部分だけを読んだことがありました。当時はまだ内容を理解できないまま終わってしまったのですが，やはり今となっても気になっていた本でしたので，これを機会にもう一度読もうと思いました。この本の話は，1941年12月8日に始まった太平洋戦争が舞台で，沖縄県に住む，ある九人家族の末っ子である，松川富子さんが1人で戦場をさまよいながらも生き抜いてゆくという話です。私も末っ子ですので，富子さんの行動や心境に共感した場面はいくつもあり，はじめからおわりまで，私がまるで富子さん自身になったような感覚になり，のめり込むように読んでいました。同時に，体験したこともないような，恐ろしいようなこともあり，逆に心あたたまる場面もあり，とても複雑な気持ちに何度もなりました。

　私たちは，普段戦争などにあわなく，大切な家族や友達が亡くなることなどは，滅多にありません。こんなに平和な日本が，つい70年ほど前まで戦争があったことは非常に理解しがたいことでした。実際，約四年間の戦争で，日本側だけでも18万8,000人以上の人々の尊い命を奪われました。今生きていられるのが，とても幸せだということが感じられます。富子さんはその太平洋戦争で，家族の半数以上を亡くしました。しかも，富子さんの兄は，自分のすぐ隣で，流れ弾に当たって亡くなりました。戦争はいつ終わるかわかりません。次に死ぬのはあの人でしょうか，あの人の隣のあの人でしょうか，それとも自分でしょうか。戦争中は楽しいことな

んてありませんから、きっとこんな不安な気持ちが募るばかりだと思います。今もどこかで戦争が行われていると考えると、鳥肌が立ちます。戦争では何もしていない人が殺されます。これは一体誰が命令したことなので
しょうか。現代は、次の日はすぐにやって来ますが、戦争中の「次の日」はいつになったら来るのでしょうか。とても長い一日が続くのだと思います。
　戦争を行うのはなぜでしょうか。戦争をしているうちに、本当の目的を忘れてしまってはいないのでしょうか。今までの歴史の中で争いごとをせずに、言葉で訴えた偉人は何人もいます。昔の人は言葉で国を、世界を変えられたのですから、今の私たちも言葉で世界に発信することができるはずです。私はそうであってほしいと願います。
　「富子のやさしい気持ちは、とてもありがたい。よくぞ、わしたちといっしょに死にたいといってくれた。でもなあ、富子。おまえは、まだまだ子どもなんだ。体だってじょうぶだ。だから、死ぬなんていう言葉を口にしてはいけない。元気を出して、しっかりしなければいけないよ。富子、この世でいちばん大切なのは、人の命なんだよ。命だよ」
　私はこのひとつの言葉に心が動き、何かが体から溢れてくるような気持ちになりました。これは、いろいろな人にガマを追い出され続けた富子を、唯一、ガマに迎え入れてくれた夫婦の、おじいさんの言葉でした。命がどれだけ尊いものなのか、他の命によって自分がどれだけ助かっているのか、今、こうして平和に暮らせているのはなぜか、改めて考えされるとても重要な言葉でした。　この時私は、今普通にできることだけが「幸せ」なのではなく、この世に誕生できたことが、いちばんの「幸せ」なのではないかと考えました。誰かが少しでも違う行動をしていたなら、もしかしたら自分は生まれなかったのかも知れない。そう思うと、生きていられることに、ありがとうだけでは感謝しきれませんでした。
　私はこの本を読んで、本当に戦争のない世界を人々と築き上げたいと思いました。やはり大事なのは、戦争のことを伝え、また学ばなければいけません。私は今後、戦争についての本や体験談を見て聞いて、深く学んでいこうと思います。

（諫山　邦子）

《コラム３》 高校生と絵本

1　はじめに

　私は，高等学校の公民科「現代社会」の１年間のまとめとして，「豊かさ」について考える授業を実施しました。そのうちの１時間で，絵本「おくりものはナンニモナイ」を活用した授業を実施しました（この絵本のあらすじについては，96頁を参照）。
　この授業では仮に，「豊かさ」を「物質的な豊かさ」と「精神的な豊かさ」の２つに分けられる，としました。そのように豊かさをとらえたとき，日本では，どちらかというと「物質的な豊かさ」が重視されてきたのではないでしょうか。絵本『おくりものはナンニモナイ』では，物質的に豊かな生活が必ずしも精神的豊かさをも得ることにはならないことを，「ナンニモナイ」を探し，プレゼントしようとする猫ムーチの視点から鋭く指摘しています。
　授業では，絵本を用いることによって，どこか他人事な，テストのために暗記する知識ではなく，「豊かさ」にはさまざまな種類があることがわかること，将来の自分やこれからの日本が目指すべき「豊かさ」という正解のない問いについて，一人ひとりが考えることを目指しました。

2　どのような授業をしたか

　絵本を用いて豊かさについて考える授業は，３時間配当のうちの２時間目を用いて行いました。絵本の読み聞かせにあたっては専門家の方をお招きしました。１時間目では「豊かさ」と聞いて思い浮かべるキーワードについて，「自分の生活」「大金持ちの生活」「理想の生活」などのテーマをグループごとに割り振り，KJ法の要領を用いて自由に話し合ってもらいましたが，この議論について簡単に振り返ったあとに，１回目の絵本の読み聞かせを行いました。その後，グループ（５人程度）ごとに１冊ずつ『おくりものはナンニモナイ』を手元に配り，次の２点について議論しました。

図1—4　ワークシート（各グループに配布した）

		精神的な豊かさ	
		ある	ない
物質的な豊かさ	ある		○「ナンニモナイ」と言う人間（物質的な豊かさの中にある心の貧しさ）
	ない	○「ナンニモナイ」を楽しむムーチとアール（無の豊かさ）	

〈ワーク①〉
絵本『おくりものはナンニモナイ』で，印象に残った場面はどこか
〈ワーク②〉
日常生活の中に，「ナンニモナイ」や「無の豊かさ」はあるか

　まず〈ワーク①〉では，各自が印象に残った場面について，個人のワークシートに記入してから，それをグループ内で共有し，自由に話し合ってもらいました。
　その後取り組んだ〈ワーク②〉では，各グループに配布したワークシート（図1—1）に従って，テレビを見ながら，「みたいものはナンニモナイ」という人間のように，物質的には豊かな生活を送っているものの，精神的な豊かさはないという例や，「ナンニモナイ」を楽しむムーチとアールのように物質的な豊かさがなくとも精神的な豊かさがある例（無の豊かさ）について探してもらいました。
　その後，各グループで議論されたことについて発表してもらい，クラス全体で共有しました。そして，2回目の『おくりものはナンニモナイ』の読み聞かせを行いました。また，読み聞かせの専門家の方から「豊かさ」に関連する本や絵本を紹介していただき，授業を終えました。

3 絵本を授業で用いることの効果

この授業の目的の1つとして,「豊かさ」にはさまざまな種類があることをわかることがありました。「物質的な豊かさ」は目に見えるのでわかりやすいですが,「精神的な豊かさ」は, 目に見えないものなので, 生徒にとってわかりにくいものだと考えられます。

今回, 絵本を用いることで,「目に見えない豊かさというものがあることが分かった」「今回の絵本を使うことでよりわかりやすく豊かさっていうのがわかった気がしました」「豊かさは物があるかないかでは決まらないということを絵本から感じた」(生徒感想)というように彼らの理解を大きく助けました。

中には,〈ワーク②〉(図1—4)で, それぞれの表中に,「シンデレラ」のストーリーの場面をあてはめる形で分析したグループがありました。このグループの発表には, 他のグループの生徒も教員も「なるほど!」と唸りました。

このように, 絵本を用いたり, シンデレラのような文学作品を分析に用いることで, 目に見えずわかりづらい「精神的な豊かさ」が具体的にわかることにつながりました。

また, 生徒の感想の中には「『ナンニモナイ』をあげられるって本当に仲良くていいなあ。ただそばにいるだけ, とかなにもなくて話すだけ, とか, 最近はそんな幸せが減ってる気がする。スマホのせいかな」というように, ストーリーから感じたことを受けて, 自分の生活について考えるきっかけとなったり,「今まで, どこかの会社でそれなりにお金がもらえればいいやと思っていましたが, やっぱり, 自分の好きなことを仕事にすれば物質的な豊かさはなくとも精神的な豊かさが手に入るので, もっとやりたいことをすべきだと考えさせられました」などと, 自身の暮らしの中にある「豊かさ」に関する考察や, 将来の「豊かさ」に関わる, 就職に関する考え方などの記述が見られました。

生徒が絵本の世界に入り込み, ストーリーを追体験することで, 自分自身のことについても考えやすくなるのではないでしょうか。

4 「高校生に絵本」は妥当か?

「高校生にもなって絵本?それって妥当なのか?」と思われる方もいらっしゃることでしょう。その答えは妥当と言えると思います。私は「子どもの環境教育研究会」の「環境教育絵本研究会」にも参加していましたが, 大人になった今,

第1章　環境教育／ESDをすすめる絵本をめぐる考察　29

写真1—1　授業の様子

　絵本を読んでみると，様々な深いメッセージが含まれていることに驚かされるのです。私は高校生の段階だからこそ，絵本から感じ取れることが大きいだろうと期待を寄せていました。生徒の感想には「はじめて絵本を見てみんなで考えるということをしてみて，絵本には深く考えるべきことがいっぱい描いてあることが分かった」「小さいころに聞いた時には感じ取れなかったものが，今になって聞くと分かり，絵本って深いなあーと思った」などという記述が見られました。高校生だから，絵本から感じ取れることは多いのではないでしょうか。読み聞かせをしているときの様子は，私語はもちろん聞かれず，ほとんどの生徒が絵本の世界に入り込んでいました。このことには読み聞かせをして下さった方の力量が大きく関わっていることは間違いありませんが，絵本の持つ魅力が，生徒を絵本の世界に引き込んだのだと思います。

（渡部　裕司）

《コラム4》 野生動物保全教育と語り

　野生動物の保護活動をしている私は，学校教育の中で野生の世界と野生動物の大切さを育みたいと思ってきました。ここ3年は，西表島だけに生息している100頭しかいないイリオモテヤマネコの保全を児童・生徒たちに伝えるために，島の全小中学校で出張授業を行っています。
　西表島には高校がないため，中学を卒業すると皆島を離れていきます。大学に進学し，就職して島に戻ってこない人も多い現状で，故郷がどんなところだったかを中学までにしっかり考え，感じて，今後自分たちの生まれ育った故郷をどんな島にしたいか考えるきっかけになってもらえたらと，色々工夫して授業を行っています。
　私たちの授業の大きな柱は，生徒たちが「ヤマネコの気持ちになってみる」ということです。国の天然記念物でもあるイリオモテヤマネコですが，現在，どの動物園でも環境省が運営している島の保護センターでもイリオモテヤマネコを飼育していません。そのせいか子どもたちのヤマネコへの関心は高いとは言えません。ヤマネコにあったことのある児童・生徒もいますが，夜，親の運転する車で1本の県道を走っているときに道に出てきたヤマネコをちらっとみかけたことがある程度です。県道ではヤマネコの交通事故が毎年2〜6件ほどあり，交通事故が現在ヤマネコの一番の脅威になっています。スピードを出さずに走ればヤマネコを見かけても轢かずに止まれるのですが，制限速度を守る車はほとんどない状況です。
　そこでヤマネコの社会を知るために，またヤマネコの身になって考えるために，ヤマネコの生態に合わせてヤマネコになってみるゲームと語りを考えました。以下，語りについてご報告します。

　　　1　交通事故にあった母ネコについての語り（全学年）

　6月，1頭のメスのイリオモテヤマネコが交通事故にあいました。その路上で轢かれて死んだメスネコの写真を見せながら話します。急カーブになっていたところで轢かれてしまったメスのヤマネコ。道路に置き去りになっていまし

た。連絡を受けた環境省保護センターの人たちが，このヤマネコのおっぱいからお乳が出ていたのを発見。母ネコは子ネコを近くの藪に隠し，獲物を取りに行ったに違いありません。たくさん食べて子ネコにお乳を与えるつもりだったのでしょう。保護センターの人たちは，子ネコを捜しに草をかき分け，何日も費やしました。しかし，イノシシやカラスなどに見つからないように上手に隠した子ネコを見つけることはできませんでした……。

この轢かれたヤマネコの写真を見せながら話すと，小学校低学年から中学生まで皆，しいんとなって話を聞きます。母ネコが天敵から守るため上手に隠した子ネコもやがて死んでしまうだろうと想像し，自分をその子ネコに置き換えて「お母さんがいなくなったら困る」と発言する低学年生。「子ネコを上手に隠したことでかえって助けられなかったんだ」と気づく生徒もいました。高学年や中学生は発言はしないものの，真剣なまなざしで話を聞いていました。

 2 　紙芝居『ヤマネコちいの黄色いリボン』（小学校低学年）

これは，2人の姉妹がひょんなことでヤマネコに姿が変わってしまい，本物のイリオモテヤマネコと知り合う話です。ヤマネコの家を訪ね一緒に遊び楽しい経験をしながら，道路に出て行ったカエルを追いかけて自分も道路に飛び出し，危うく車に轢かれそうになります。人間にもどったこの姉妹は，夜，家族で出かけるとき，車を運転する父親にゆっくり走ってと頼みます。そのとき道路にヤマネコが現れます。そしてそのヤマネコの耳には姉妹が別れるときにあげた黄色いリボンがついていたというファンタジーです。

この話にも低学年の子は身を乗り出して美しい色で描かれた西表島の豊かな自然とヤマネコとの友情に引き込まれ，紙芝居の世界に入り込んでいきます。絵を描いてくださった画家の方が，人間が変身したヤマネコを立ち姿にすることで，ヤマネコとの友情を描きつつも人間と動物と一線を画しています。それが児童たちに人間である自分たちの立場を意識させ，ヤマネコを守るために何をしたらいいか感じたようです。「お母さんにスピード出さないように言う！」と，終了後すぐに発言した子もいました。

森の中や夕方の優しく暖かい色調が，自分たちの住む島の美しさを強く印象づけたようで，授業ではゲームも行ったのですが，授業後に取ったアンケートでこの紙芝居のことだけを書いていた生徒も数名いました。

図1-2　紙芝居『ヤマネコちいの黄色いリボン』

3　物語『ヤマネコを守る人』（小学校高学年～中学生に）

　自分の将来を考え始め、生きものへの関心から人への関心に移行する高学年や中学生には、道徳教材として実際にヤマネコを交通事故から守る活動を行っている人の物語を用意し、生き方の1つとして自然保護に人生をかけている人を紹介しています。同時に、島出身の本土で学校を卒業、就職し島へ戻ってきた20代の人の話を聞く機会も設けています。

　「島を出ると新しく知り合った人に西表島はどんなところ？と聞かれる機会が多いので、今のうちにしっかり見て考えておくと良い」との先輩の言葉に卒業間近の中学3年生は、誰もが真剣なまなざしで一言も聞き漏らすまいと身を乗り出していました。自分たちの故郷、西表島の良さを支えているのは誰なのか、何なのか、考えるきっかけになると良いと思います。

　相手の気持ちになること、これこそが野生動物の保護をする上での基本です。

人間関係でも他人を思いやる気持ちから温かい社会が生まれるのですが,まして言葉を話さない生きものへの思いを育むのに,その生きものの身になる経験が大切だと思っています。絵本や語りを通して聞き手の心を震わせることができれば,伝えたいことはしっかりと聞き手に根付くのではないでしょうか。

(戸川 久美)

第2章 『絵本の森の羅針盤』
―― 環境教育／ESD をすすめる絵本紹介 ――

絵：大森叶音

イラスト：桂木美幸（43，51 ページ）

『のにっき』作：近藤薫美子
アリス館，1998年6月3日第1刷，2006年8月25日第7刷

(ストーリー)
ある晩秋、野原で1匹のいたちがその命を終えました。残った肉体にハエやウ

ジといった生き物たちが集まり，さらに他の小動物たちも集まってきます。「いたち」を自らの栄養にする生き物もあれば，棲みかにする生き物もいます。「いたち」の肉体は朽ち果てていきますが，別の生き物たちへとその命を受け継いでいきます。「死」を正面からみつめながら，1つの命が次の命へと廻っていく生命の連鎖を記録し続けた物語です。

（コメント）
　いたちの肉体が朽ち果てていく様子は少々インパクトのある絵でもあるのですが，見開きページの右上に記載された日付を追いながら，肉体が朽ちていく経過をたどり，生物は「死」から先にどうなっていくのか，食物連鎖とはどういう現象かという科学的認識を与えるきっかけになると考えます。
　幼少期のとき，捕まえたテントウムシに話しかけ，何を言ってくれるか考えて遊んだ思い出があります。子どもたちの感受性に訴えかけながら，同じ生き物であることを，考えるきっかけにもなると考えます。
この絵本に文章はなく，集まった生き物たちの吹き出しを追いながら，ページを進めていきます。登場する生き物たちがエサや棲みかを争ったり，再び食べる食べられるといったやりとりがなされたり，さまざまな面白おかしい会話がいたるところで繰り広げてられているため，絵の端から端まで見渡してしまいたくなります。吹き出しはすべてひらがなで表記されており，生き物が発する言葉も短文であるため，小学校低学年でも楽しく読んでいくことができるでしょう。
　小学校6年生で食物連鎖について学習しますが，取り扱う時間が少ないため，生命の循環について考える機会が少ないのが現状です。この絵本を読むことで食物連鎖に関する「分解」の原理を伝え，具体的な循環の仕組みが見えていくきっかけにもなるはずです。生き物の言葉，背景のイラストなど，注目させる視点を変えることで利用の仕方は多岐に渡る絵本だといえます。（吉沢 信也）

『チョコレートがおいしいわけ』作：はんだのどか
アリス館，2010年2月10日 第1刷

(ストーリー)
　女の子はチョコレートを食べながら，「とろーり あまくて，ああ おいしい！チョコレートは どうして おいしいのかな？」と言います。この疑問に答えるべく，カカオの実のカカとポドが，チョコレートができるまでの過程を説明してくれま

す。カカオの実は，一年中暑く，雨が多いアフリカのガーナにあるカカオ農園で収穫されます。収穫されたカカオの実の中には，カカオ豆が詰まっていて，それを発酵させ，さらに乾燥させると，日本へ出荷されます。日本の工場に運ばれたカカオ豆は，チョコレートに加工されます。チョコレートが完成すると，カカとポドは「もうひとついきたいところがあるんだ」と言います。いきたいところとは，カカオ豆のふるさとのガーナのカカオ農園でした。ガーナのカカオ農園の人たちに，出来上がったチョコレートが届けられ，この絵本はとじられます。

（コメント）

チョコレートは，子どもにとっても大人にとっても身近な食べ物ではないかと思います。おやつとして食べたり，バレンタインデーなどに，チョコづくりに挑戦する子どももたくさんいるでしょう。しかし，チョコづくりとは言っても，一からチョコレートを作るのではなく，市販のチョコレートを溶かして型どりする場合がほとんどではないでしょうか。では，チョコレートはどうやってできているのでしょう。この絵本は，チョコレートは何から出来ているのか，原材料のカカオの実はどこでつくられているのか，といったつながりを教えてくれます。

最後の場面，チョコレートができるまでの案内役を務めたカカとポドが，行きたいところがあると言って，カカオ豆を生産するガーナにチョコレートが届けられました。この場面には，ガーナのカカオ農園まで出向いたという作者の想いが込められています。カカオ豆の生産には，様々な問題が絡んでいます。例えばカカオ豆の主要生産4ヵ国（カメルーン，コートジボワール，ガーナ，ナイジェリア）の農場では，2002年の時点で約28万人の子どもが働き，全体の64％が14歳以下[注]なのだそうです。私たちが安くチョコレートを食べられる背景には，児童労働の問題や南北問題があるのです。私たちに出来ることとして，フェアトレードのチョコレートなども販売されています。

私たちにとって身近な食べ物が，実は世界のさまざまな問題ともつながっている，というところまで想いをはせながら，この絵本を読んでほしいと思います。

(渡部 裕司)

注）『朝日新聞』2009年1月28日朝刊「アフリカ救え チョコ改革」。

『ちきゅうがウンチだらけにならないわけ』作：松岡たつひで
福音館書店，2013年6月20日 第1刷，2014年4月15日 第4刷

（ストーリー）
　飼い主に散歩につれていってもらった飼い犬が，自分のウンチは拾ってもらうけど，他の動物たちはウンチをしたままなのに疑問をもち，世界の生き物のウンチについて，犬図書館で調べ始めます。
　「アフリカゾウのウンチ。ひぇーっこんなにおおきい！」とってもちいさなウ

ンチもあります。生き物はたいてい地上でウンチをするけれど，木の上からウンチをする生き物，木の上で暮らしているけどウンチだけは地上に降りてする生き物，空からうんちをする生き物，水の中にウンチをする生き物もいます。世界中にはいろいろなウンチがあることやいろいろなウンチの仕方があることを知ります。

　でも，この地球はうんちだらけにならないのでしょうか？　大丈夫です。それどころかウンチはおおいに役立っているのです。栄養になったりえさになるウンチ，種を運ぶウンチ，隠れ家になるウンチ。ウンチは，いろいろな動物や植物に使われてなくなります。

（コメント）
　子どもたちはウンチのお話が好きです。でも自分のウンチを見ることはあっても，他の動物のウンチはどうでしょう？　犬や猫のウンチは知っているかな。金魚やウサギ，ハムスターなど，家で飼っている人はそれらの動物のウンチは知っているでしょうね。そしてウンチの片づけが大変なのも知っていることでしょう。
　この絵本を読み進めて，世界中の生き物がウンチをしていることを知ると，「どうして地球はウンチだらけにならないんだろう？」という疑問がわいてくると思います。ウンチは雨に溶けて土にしみこみ，やがて植物の大切な栄養になります。また，海を豊かにします。ウンチを食べる虫たちの紹介もあります。種を運ぶウンチもあります。ウンチに隠れる生き物もいます。ウンチはとても役に立っているのです。
　子どもはウンチを見るとすぐ「きったな～い」と言います。でも「地球に役立つウンチ」を知ることによって，子どもたちのウンチをみる目が変わってくるのではないでしょうか。地球環境に目を向ける第一歩になることと思います。
　また，トイレで流される人間のウンチや飼育されている犬のウンチは捨てられるだけで，自然のサイクルとは違うということを最後に示唆しています。
　たくさんの動物の絵がウンチとともにていねいに描かれています。科学的な認識を育てる科学絵本としても読むことができます。（尾崎　優）

『まほうの夏』作：藤原一枝・はたこうしろう　絵：はたこうしろう
岩崎書店，2002年5月10日第1刷，2008年8月5日第10刷

（ストーリー）
　夏休みが始まりました。都会に住む2人の兄弟は田舎のおじさんの家に遊びに行くことになります。自然が豊かなその場所で行うこと全てが2人にとっては初めての体験です。近所の子どもと出かけた森では木登りや川遊びを，おじさんとは海釣りを。自然の中で夏を満喫し，2人はまた来ることを約束しておじさんの田舎を後にします。

第 2 章　絵本の森の羅針盤——環境教育／ESD をすすめる絵本紹介　　43

(コメント)

　この絵本を読んだ時に，まず「懐かしい」と感じました。海と山に面した土地に住む両祖父母の家で，彼らと同じように夏を過ごしたことを思い出しました。近所で知り合った地元の子と浜辺を探検したり，ジャングルのような森でトンボやカエルを捕まえたり，夜には屋根の上に登って星を眺めたりしたものです。

　さて，現在の子ども達はどのように夏を過ごしているのでしょう。「平成27年版子ども・若者白書」（内閣府）では体験活動は減少傾向にあるとされています。都市化による身近な自然の減少や，リスクを恐れるあまり子どもに対して過保護になりすぎている現状があるなど原因は様々です。特に減少している自然体験活動はキャンプやリフト等を使わない登山です（上記資料平成24年度調べ）。これらは回答した6割以上の子どもがしたことがないと答えています。また，木登りや海や川での魚釣りの体験が「何度もある」と答えた子どもは4割未満です。確かにそれらを経験しても受験や就職に直接結びつくわけではありません。しかし，自然の中で活動することによって得られる実感を伴った経験は，人を成長させるきっかけになると思います。新たな発見や出会いに感動すること，疑問をもって追究する姿勢は，机に向かうだけでは得ることができません。より多くの子どもが好奇心と探求心をもって自然と関われるようになることを願っています。

　夏の雨は温かいこと，凪いだ日には海に沈む夕日が海面に光の道をつくること，気持ち悪くなるくらいに星が瞬く夜空を見たこと，それらは10年以上経った今でも鮮明な夏の思い出です。自然の中で遊ぶきっかけづくりに，そして自然を五感で感じる体験ができる夏を過ごせるように，そんな経験を敏感な感受性をもつ子ども時代にたくさん積み重ねて欲しいと思います。（奈良山稔里）

『希望の牧場』作：森絵都，絵：吉田尚令
岩崎書店，2014年9月 第1刷

（ストーリー）
　舞台は，福島第1原発から20キロ圏内にある牧場。2013年3月11日東日本大震災が起き，その1時間後に原発が爆発し放射能がひろがりました。人々は避難し，取り残された牛，豚，鶏，犬たちは次々に死んでいきました。
　しかし，この牧場に住む牛飼い（吉沢正巳さん）は，330頭の肉牛をひとりその場に残り育てることを決めました。「生きてりゃのどがかわくから，水をくれ，水をくれってさわぐんだよ。エサをくれ，エサをくれって，なくんだよ」「そ

りゃ放射能はこわいけど，しょうがない。だってオレ，牛飼いだからな」と。

　放射能をあびた牛はもう食えない。食えない牛は売れないにもかかわらずにです。国は20キロ圏内の牛は殺処分すると決めましたが，それでもひとり黙々と牛を飼い続けています。今では360頭のまで増えました。近くの牧場主からあずかったからです。全国から応援の輪が広がり「希望の牧場」と呼ばれるようになりました。

（コメント）

　あの忌まわしい原発事故でふる里を追われ避難している人びとは，今なお14万人といわれています。ここ双葉町の牧場主の吉沢さんは，「絶望しかない気がする」と悩み，「この取り組みに意味があるのか」自問しながら，生きものである牛たちのいのちを絶やさぬよう，来る日も来る日もエサやりを続けているのです。

　「もうここには住むな」「牛の殺処分に同意せよ」と問答無用にせまる国と東電に原発事故の責任を告発し，闘い続けてもいます。

　作者の森絵都さんは，「かわいそうな話にはしたくなかったんです。吉沢さんの強さを描くことでなら，読者に何か感じてもらえるのではないか。こういう人がいるんだよと知ってほしい。記録をし，事実を知ることで，私たちは次に向けて何かを学べるかもしれないから」と述べています（2015年1月12日付，『しんぶん赤旗』）。

　未だ原発事故の原因究明はおろか，除染，冷却水や中間貯蔵施設など未解決のまま再稼働に突き進む国に対して，住民が自分から生存権を主張し運動しない限り，道は開けないんだと言うことを吉沢さんが身を挺して示すノンフィクション絵本といえます。親子で考えあうテキストになる絵本です。なお絵本の売り上げの一部を活動資金に寄付するということです。（岸　康裕）

『やまからにげてきた』『ゴミをぽいぽい』作：田島征三
童心社，1993年2月第1刷，2012年4月第17刷

(ストーリー)
　右開きの『ゴミをぽいぽい』は，「あまったからポイ」「こわれたからポイ」「うれのこったからポイ」とすてられるゴミは，ゴミ焼却場へ集め燃やされます。ごみは燃やせばなくなるか？ 否。灰が残り，その灰に毒が含まれていようが，いろんな町から山の中の巨大なゴミ捨て場に集められます。
　『ゴミをぽいぽい』は，絵本の半分のページまで描かれています。ここで，左開きの表紙にもどると『やまからにげてきた』が始まる仕掛けになっています。つまり，2冊構成の絵本なのです。つまり，前からも後ろからも読めるおもしろい絵本なのです。
　『やまからにげてきた』は，文字通りやまからいろんなものが逃げてきます。たぬきの親子，虫，鳥，飛ぶことも走ることもできないものは，ゆっくりと，

しかし，逃げ遅れたものは，みんな死んでしまい，ものすごい工事が始まりました。また，半分で巨大ゴミ捨て場となります。

（コメント）

　作者は，東京都三多摩広域ゴミ処分場の建設で，自然豊かなふる里，日の出町が破壊されることへの怒りをこの絵本で表しました。それぞれの町が小規模の処分場を作る方がより安全で，山の谷間に巨大処分場を作らなくてすみ，日の出町はゴミ捨て場ではないと訴えます。

　大量採取，大量生産，大量消費，大量廃棄の現代の社会が，自分たちの何気ない日常生活と深く繋がっていること，自然が破壊され森と生きものが追いやられて死に絶えていること，社会システムの問題などを鋭く提起しています。また，都市のゴミを過疎地に持っていって捨てていいのかと問い，日本中の自治体が，あるいは国を挙げて考えていくべき重要な問題であると投げかけています。

　ゴミの問題は，小学4年生の社会科で扱います。その時の導入にふさわしいといえますが，日常ゴミとどうかかわっているか，他人事でなく自分事として身近なところから当事者性をたがやすきっかけになる絵本だと思います。作者の田島氏は「日の出の自然を守る会」をつくり，環境問題にも精力的に活動を続けています。そのメッセージは『森からの手紙』（1993年11月，労働旬報社）のエッセイ集にステキな絵とともに込められています。現在は，新潟県十日町市「絵本と木の実の美術館」を開設。廃校全体を美術作品にした「空間絵本」として注目されています。（岸　康裕）

『木はいいなあ』作：ユードリイ　絵：シーモント
偕成社，1976 年 1 月第 1 刷，2008 年 11 月第 51 刷

(ストーリー)
　木がある生活がどんな風にいいのか素晴らしさがストレートに描かれている絵本です。たった一本でも，木があるのはいいなぁ。秋になって葉っぱが落ちると，色んな遊びができる。木に登って遠くを見たり，ぶらんこをつけたり，何かをたてかけたりすることもできる。暑い夏もこかげを作ってくれる。それから，……。

だから木を植えるといいよ。と続きます。この絵本は，木について考えるきっかけを作り，木の魅力や大切さを感じられるストーリーになっています。

（コメント）
　この絵本を読んだ時，ズボンを破りながらも頻繁に木登りをしていたこと，落ち葉を集めては，すくいあげて落ち葉を降らせ，声をあげながら楽しく遊んでいた私自身の子どもの頃を思い出しました。現在では，子ども達と一緒に森の中での自然体験活動を行っています。その活動では，子どもたちが，「ぼくの木わたしの木」を決め，その木にぶらんこやターザンロープをつけ，子どもたち自身が考えながらオリジナルの木を作っています。自分の木や友達の木で遊んだり，木の上でくつろいだりする姿を見ると，とても生き生きとしていてたくさんの笑顔に包まれている様子が見られ，大変嬉しく思います。子どもの頃の五感を使ったこのような体験は心に強く残る体験でありとても大切であると考えます。
　しかし，都市化が進むにつれ，自然がどんどん減り，同時に子どもと自然との触れ合いは失われてきていると思います。学校や公園にある木。とても身近にある存在ですが，私たちはどれくらい「木」があることを身近に感じながら生活しているのだろうかと疑問に思いました。
　この絵本を読むことで子どもたちに改めて木には多くの魅力があることを実感して欲しいと思います。この絵本はカラーと白黒のページが交互になっているので木の美しさや自然の鮮やかさも感じ取れると考えます。そして，もっと自然に触れ，自然の中でこの絵本を例に，遊ぶことの楽しさ・面白さを感じて欲しいです。そこから，木がある生活がどんなにいいのか素晴らしさに気付いたり，どういう風に木がいいのか考えたりするきっかけになればいいなと思います。

　　　　　　　　　　　　　　　　　　　　　　　　　　（山根　彩）

『いっぽんの木』作：ウルコ・ラポンデール，訳：横山和子
ほるぷ出版，1993 年 2 月 25 日 第 1 刷

(ストーリー)
　この『いっぽんの木』という絵本は，1本のブナの木を中心に野うさぎやねずみ，つぐみなどの様々な種類の動物が生活をしたり，ひと時を過ごすといった1本の木と生き物の関わりがリアルなイラストで春夏秋冬を通して描かれています。それぞれの季節での動物と1本の木の関わりを感じることができるとともに，季節それぞれの背景となる風景や動物にも違いがあり，季節によって移り変わっていく1本の木と動物のつながりを読み取ることができます。

（コメント）

　私自身「森の楽校」という活動の中のプログラムにある子どもたち自身の木を決め1年を通して関わる「ぼくの木わたしの木」において、春夏秋冬を通して子どもと一緒に同じ木を観察したり、そこで過ごしたり遊ぶなどの経験を通して、冬の自然の様子や春に見た時からの木の変化、木の周りにいる虫、季節ごとに変わる足跡などを実際に感じることができました。1本の木を取り巻く生き物や自然の変化、木そのものの変化を感じただけでなく、長い期間継続的に関わる大切さを学びました。ある瞬間に木や周りの生き物、自然から感じるだけでなく長い目で観察する・関わるという大切さもこの絵本は伝えていると考えます。

　また動物の目線で自然を見ている描写が多く取り入れられている点も大切です。動物の目線からの実際の自然がどのように写っているかを、想像をふくらませて考えることができると思います。

　以上の視点から1本のブナの木が動物たちにとってどのような役割を持つか、どのような動物が1本の木と関わっているかがわかるでしょう。この1本のブナの木がもしなかったらと想像することで、絵本に登場する鳥やねずみなどのたくさんの生き物の居場所がなくなってしまうということや、周りの自然はどのように変化するのだろうといった疑問などが生まれると思います。子どもの気づきや疑問をもとに環境問題につなげることも可能でしょう。（菅原　光拳）

『トキのキンちゃん』作：いもとようこ
岩崎書店，2006年8月20日 第1刷

（ストーリー）
　かつて日本中に住んでいたトキが，新潟県佐渡島に数羽残るだけになってしまいました。そこで，トキ保護センターをつくり，残っているトキを捕獲して保護することになりました。宇治金太郎さんは保護センターから，のちにキンちゃんと呼ばれる子どものトキを捕まえるよう頼まれます。キンちゃんは捕まることを

警戒して，人間になかなか近寄ろうとしません。金太郎さんは，他の人間とは違うことをアピールするため，毎日同じ時間に，全身黒の同じ服装で田んぼに出かけました。その甲斐あって，キンちゃんは次第に金太郎さんを警戒しなくなり，金太郎さんからエサをもらい食べるまでになります。一方で，金太郎さんは保護センターからはやく捕まえてほしいと頼まれていました。しかし，キンちゃんのその後の生活を思うと，なかなか捕まえることができません。ある日，決心した金太郎さんはついにキンちゃんを捕まえ，キンちゃんは保護センターで暮らすことになります。キンちゃんはそれから空を飛ぶことなく 36 年，人間で 100 歳を超える年齢まで生きましたが，ある日突然飛び立ち，ゲージに頭をぶつけて亡くなります。

（コメント）
　この絵本は実話にもとに作られ，読むと「自然を守る」とはどういうことか考えさせられます。金太郎さんは，なついていたキンちゃんをもっと早くに捕まえることができたはずです。「きょうこそはつかまえよう」と思っていても，キンちゃんに会うと先延ばしにしてしまうのは，「つかまえて保護することで命は助かるが，トキの自由はなくなるのでは……」という葛藤からです。もしあなたが金太郎さんだったら，どうしたらよかったでしょうか。また，キンちゃんの死の場面からどんなことを感じますか。
　日本でトキが減った原因として，明治時代に入ってから肉食習慣が広がったことや，羽毛の需要が増えたことで，肉や羽根を取るための乱獲，田んぼにまかれるようになった農薬に含まれる毒や開発行為などによる生息地の消失などが言われています。日本生まれのトキは，キンちゃんの死により絶滅し，現在は中国のトキを譲り受けて野生復帰を目指し人工飼育・放鳥に取り組んでいます。
　トキのほかにも，日本で「絶滅危惧種」に指定されている動植物は 3000 種を超えます[注]。生物種の絶滅には，トキと同じく人間側に原因があることがほとんどです。金太郎さんとキンちゃんの交流のあたたかさに触れながら，自然を守ることについて考えてみませんか。（渡部　裕司）

　注）環境省レッドリスト（http://www.biodic.go.jp/rdb/rdb_f.html）による。

『みなまたの木』絵と文：三枝三七子，原田正純 監修
創英社，2011年9月20日 第1刷

(ストーリー)
　この絵本は，1本の松の木の視点から，お姉ちゃんと妹，お母さんと漁師のお父さんの4人家族と，水俣病とのつながりを描いた，実話をもとにした絵本です。家族は海で取れた魚で生計を立て，毎日のおかずにも魚を食べていました。漁師の生活は天気に左右されます。漁に出られないときは「おなかがへって　しかたがない日が　つづくときもあった」ようです。このような人たちに落ち着いた暮

らしをさせたいと考えた町は，工場をつくることにしました。そして，お父さんもこの工場で働くことになりました。それから4人家族は，天気に関係なくいつでもおなかいっぱいご飯を食べられるようになります。しかし，工場が繁栄する一方で，自然界では山の木が枯れ始めたり，空から鳥が落ちてきたりと異常な現象が起こり始めていました。ある日，4人家族の妹も，「はしがもてん！手がいたい！体がいたい！」と訴えます。お母さんは病院に連れて行きますが，何の病気かわかりません。妹は，詳しい検査のために大きな病院に入院しますが，しばらくして亡くなります。妹と同じような病気の人が町でもたくさんでてきて，お父さん，お母さんも同じ病気で亡くなります。この病気の原因がわかったのは，お姉ちゃんが大人になる頃のことでした。

（コメント）
　この絵本は，筆者の三枝三七子（みえだみなこ）さんが，水俣市立水俣病資料館への訪問をきっかけとして制作を決意し，丹念な取材の結果つくられました。絵本のストーリーから，水俣病の背景などがわかるとともに，考えさせられるものになっています。
　水俣の発展は，加害企業のチッソの発展とともにありました。水俣はもともと，農林水産業に就く人の割合が高い地域でしたが，チッソの工場ができてから，人口が増え熊本県下でも有数の工業都市となりました。チッソ水俣工場の稼働は戦前から行われていましたが，戦後復興・高度経済成長期を支える企業の1つとして，ビニールやプラスチックを増産する中で水俣病は発生しました。つまり，急激な近代化や豊かさを求め企業の責任をおろそかにした負の遺産として，水俣病が起こったと言えます。また，この絵本の家族もそうですが，水俣病患者の家族には，チッソ関係者が含まれていたという複雑な事情もありました。
　絵は黒鉛筆のみで描かれたページがほとんどであり，水俣病の悲しみと苦しみの記憶が表現されています。また，水俣病の関連年表や故・原田正純先生の解説など，巻末資料も充実しており，水俣病について深く学ぶきっかけとして最適です。(渡部　裕司)

『ふくしまからきた子』作：松本猛・松本春野，絵：松本春野
岩崎書店，2012 年 4 月 1 日 第 1 刷

〈ストーリー〉
　小学生のまやは，福島第 1 原子力発電所の事故をきっかけに，母の実家である広島市に引っ越してきました。その隣の家に住むのが，サッカー少年のだいじゅです。ある日，だいじゅがサッカーをしていると，ボールがまやのもとへ転がっていきます。だいじゅは「とってくれやー」と声をかけます。まやがボールを蹴りかえすと，ゴールへと吸い込まれていきました。それを見ただいじゅは「おれ，しょうらいはにほんだいひょうに なるんじゃ！ おまえは なでしこか？」とまやに話しかけますが，まやは「もう わたし サッカーやらないって きめたんだ」と

言います。そして、福島の小学生が放射線量が高く外で遊べないこと、プールや運動会が中止になったこと、畑の野菜が食べられないこと、住んでいた家に帰れないことを話します。家に帰っただいじゅは、放射線のことや福島のこと、原爆のことなどについて家族から聞きます。次の日、学校へ行く途中でまやをみつけただいじゅは、「おれ しょうらい そうりだいじんになる！ そうして ほうしゃのう なくすんじゃ！」と宣言します。だいじゅとまやの「ふたりの交流をつうじて、原発と、私たちの未来をかんがえる絵本」です。

（コメント）
　福島の原発事故によって、今までの暮らしが奪われた様子を、小学生のまやに焦点を当てて描いています。この絵本には放射線等に関する詳しい記述はありませんが、著者が自身の公式サイトで述べている通り、「子どもたちが自分との関係のなかで原発問題を考えるきっかけ」[注]となる絵本です。福島第1原発事故でも現実として、子どもが外で遊べない、学校行事が中止となる等のさまざまな制約が発生しました。まやも体験したように、原発事故による避難で友だちと離れ離れになってしまったり、そもそも学校自体が移転、休校、閉校などの措置がとられることもありました。原発事故では、子どもに限らず、避難する／しない、などによる住民の分断や、復興のあり方などの対立によって地域コミュニティの崩壊が起こり得ます。
　東日本大震災から月日が流れ、被災地から離れて生活する人々にとっては、震災が過去のものとして風化されつつあるかもしれません。まやは、東日本大震災によって生活がどのように変わってしまったのかを、これから先何十年も、風化させることなく後世に伝えつづけていくことでしょう。
　なお、この絵本の後作として『ふくしまから来た子 そつぎょう』が出版されています。（渡部 裕司）

注）松本猛公式サイト http://www.takeshi-matsumoto.jp/books/ ふくしまからきた子

『海をかえして』作：丘修三，絵：長野ヒデ子
童心社，1997年8月第1刷，1998年11月第6刷

（ストーリー）

　ここ諫早の海は，潮が引くと広い干潟ができます。ムツゴロウのむっちゃん，シオマネキのカニオ，あさりのあさりちゃんは干潟でねそべったり，日向ぼっこしたり，おしゃべりしたり，それは仲良く暮らしていました。ある日3人は，「人間が何か作っているから見に行こう」と出かけました。すると途中であったシギじいさんが，橋を造っていると教えてくれました。

　近づいてみると，大きな柱がずらっとならんでいました。その時です。ドドドーと地響きがなり，3人は立ちすくんでしまいました。その時以来，待てども待てども潮は満ちてきませんでした。カニオたちがみんなで潮まねきをしても，次の日も次の日でした。黒い壁は閉じられたままでした。

　干潟はカラカラになり，地割れし始めました。のどもカラカラになったカニ

オとあさりちゃんはよたよたしながら,「たすけてくれ!」とむっちゃんの穴にもぐりこみ,わずかに残された海水につかりました。とうとうあさりちゃんの声が聞こえなくなり,カニオも干潟で潮まねきをしたまま死んでいました。

　穴の中でムツゴロウのむっちゃんはひとりがんばるのでした。目をつぶると,あの生き生きとした諫早の海がうかんできました。「きっとくる。しおはみちてくる きっと, きっと」

(コメント)

　長崎県の諫早湾の干拓は,40年以上まえに潮受け堤防が計画されましたが有明海の漁民が二枚貝のタイラギが死滅し,のりも取れなくなったと反対し,いったん中止されました。干潟は川によって運ばれた土砂や栄養分をたっぷりふくんだ海の畑で,魚介類が豊富な漁場だからです。しかし,いろいろな疑問を残しながら1997年4月に水門が閉められました。

　干拓地の農民は,塩害と高潮から開門に反対しています。裁判もいくつか起きています。

　作者の丘修三氏は,巨大開発に苦しむ干潟の生きものたちの叫びを絵本にしました。「地球はみんなの星」と題し「わたしたちの住む地球という星は,人間だけのものではありません。そこに住む生きものがささえ合いながら生きているのです。そのことをわすれないでください」と1971年に結ばれたラムサール条約の視点をやさしく解説しています。(岸 康裕)

『ぼくは フクロウを飼っている』作：下田 知美
偕成社，2015 年 2 月第 1 刷

（ストーリー）
　コウタは，ある日向かいの山にキイチゴ取りに出かけました。帰り道にフクロウの羽を拾いましたが，それは宝物のように輝いていました。コウタは家に帰り，魔法の鏡で両親を呼び出し，羽を拾ったこととその持ち主であるフクロウを飼っていいかたずねました。
　両親は，魔法のショーを見せる仕事で世界中を飛び回っているからです。コ

第2章 絵本の森の羅針盤——環境教育／ESDをすすめる絵本紹介

ウタは，母さんに「そんなにきにいったのなら，まずはどんな鳥か調べてみたら？」と提案され納得します。

コウタは早速，フクロウ・ノートに調べたことをまとめていきました。まず，住みかは森だけでなく，草原，雪原，渡りをするものと様々です。活動時間は夜行性だとおもっていたけど種によって違うこともわかりました。次に，主な世界中のフクロウ38種が住んでいるところ，フクロウの仲間7種の分布を明らかにします。さらに，日本で観察されたフクロウ12種を調べ，自分が拾った羽の持ち主をつきとめます。

続いて体の特徴は，獲物に気付かれないように音がしにくい羽を持ち，食べ物はネズミとウサギが7割であることなどくらしや子育てへとおよびます。

調べれば調べるほど，フクロウがくらす森が，ネズミや小鳥，虫や木の実がいっぱいできれいな水や土や空気がずうっと必要なことに気付きます。

コウタは両親を呼び出し，「フクロウのこと好きになったけど，はっきり感じたことがあるんだ。ぼくにはフクロウを飼えないってこと」を伝えます。すると母さんは「耳をすましてごらん」と答えます。ベランダに出たコウタの前にあのフクロウが飛んできました。

「おおーい！　この羽，きものかーい⁈」と呼びかけたコウタは言います。「ぼくは，フクロウを飼っている」と。

（コメント）

作者の下田知美さんは，和歌山県生まれで動物と自然に囲まれた環境をこよなく愛すイラストレーター・絵本作家です。コウタは，フクロウが大好きで両親に飼うことをねだります。母親にまずフクロウの生態を調べるようにうながされます。コウタは，調べれば調べるほどさらにフクロウが好きになっていきます。そして，フクロウが生きて行くには，豊かな森と空気が永続的に必要であるという結論に達します。

野生動物は，犬や猫のように人為的にいのちを管理される生きものとは違うことを知り，保全することこそ必要だと学んだのです。

フクロウの住む森のかけがえのない自然環境を守って共存することを，フクロウ・ノートの探求で納得したのです。最後の「ぼくは，フクロウを飼っている。」は，人間と野生動物の共存のメッセージだと言えるのです。（岸　康裕）

『とらばあちゃんのうめしごと』文：いちかわけいこ，絵：垂石眞子
アリス館，2010 年 6 月 1 日 第 1 刷

（ストーリー）
　ゆうたは，とらばあちゃんに習いながら，初めての「うめしごと」に挑戦します。「うめしごと」とは，梅酒や梅干しをつくることです。この絵本では，とらばあちゃんが梅干しの作り方をゆうたに教えています。ゆうたは生まれて初めての木登りをして，庭に植わっているウメの木からウメの実をとります。ウメの実をとると，竹ぐしでへたをとり，水につけてあくぬきをします。その後，えんが

わで乾かし，かめにいれて塩漬けにするとあとは2ヵ月待つだけです。しかし，ゆうたは待ちきれない様子で，とらばあちゃんに何度も「ねえまだ？」と尋ねます。2ヵ月がたち，漬けていたウメの実を三日三晩干すと，梅干しの完成です。

（コメント）

　この絵本では，とらばあちゃんがゆうたに「うめしごと」を教える一連の過程を，孫のゆうたの視点から描いています。とらばあちゃんは，梅干しのつくり方だけではなく，細い枝の先についている実を神様の取り分として残すといった先人たちの自然との付き合い方や，「青梅食いの腹下し」といった言葉なども教えてくれます。また，とらばあちゃんとゆうたの会話が多いので，実際にとらばあちゃんから梅干し作りを教わっている気分になります。

　近年では，既製品を買うことが増え，「うめしごと」のように身近な自然を家庭内で加工して食べる機会は減ってきました。既製品ばかりを食べていると，自然と食べ物のつながりが分断されて，自然の恵みをいただいているという意識は持ちにくくなりますが，この絵本では分断されつつある自然と食べ物のつながりや，手作りの食べ物がもつあたたかみを感じることができます。

　とらばあちゃんから梅干し作りを教わって，実際にやってみたいと思う子どもも出てくるかもしれません。巻末には，とらばあちゃんの白梅干しの作り方が見開き2ページにまとまっているので，お店やインターネットなどで青梅を手に入れて，梅干し作りに挑戦してみると面白いでしょう。

　さて，梅干しは，古くから日本に根付いている食べ物で，1,000年以上前から食べられています。梅は中国が原産ですが，梅干しを作るときに出る梅酢には防錆作用があり，東大寺の大仏を作るときにも使われたといいます。また，普段から梅酢は漬け物を作るために利用され，無駄を出さないところにも先人たちの知恵が隠されています。「松竹梅」など梅にまつわる言葉も多く，梅は日本人とかかわりの深い食べ物だと言えるでしょう。（渡部 裕司）

『おじいちゃんのカブづくり』作,絵：つちだ よしはる
そうえん社,2008年2月 第1刷

(ストーリー)
　小学2年生のほのかは,山の畑に来て,おじいちゃんとお話しするのが大好きです。
　この地域では,山の斜面を焼いて畑にする「焼畑」でカブを作るのがさかんです。ほのかのおじいちゃんが作っているのは「藤沢カブ」です。焼畑はとても手のかかる仕事ですが,「このカブは,焼畑でつくらないといい味が出ない」とおじいちゃんは言います。
　夏まっさかりの8月,山を焼く日の夜中にほのかも山にやってきます。おじいちゃんは「夜中は,風が少なくて,火の粉もよーく見える。山に火をいれるのにいちばんいい時間だー」と,ほのかに教えます。斜面を焼き,種をまきます。
　秋にはいよいよ収穫です。ほのかは,袋をもちあげようとしますが,重いこと

重いこと。おじいちゃんは「ほのか，むりだぞおー。20キロ以上もあるぞ。ハハハ」と笑います。

　次の年の春。山一面，カブの花が咲きます。種取りが終わると，この畑に木が植えられます。ゆっくり時間をかけて，また元の山の姿へと戻っていくのです。

（コメント）
　この絵本にえがかれているカブは「藤沢カブ」といい，山形県鶴岡市の藤沢地区に古くから伝わる紅白の美しいカブです。昔から伝えられてきた伝統野菜作りは，その風土に適した作物であるというだけでなく，その地域の歴史や自然，文化と大きく関わっています。長く作られ続け，その地域に根づいたということには大きな意義があるのです。

　山の斜面を使った焼畑農業は，化学肥料や農薬に頼らない自然農耕で，環境を破壊しない農業の取り組みのひとつです。また，カブを1年育てたらそこに木を植え，次にそこがカブの畑になるのは，木が大きく育って切り出される70年後だそうです。先を見通したカブづくりにも注目させたいです。

　この絵本を楽しく読み進めるうちに，たくさんの知識を得ることができます。また，四季折々の年間通したおじいちゃんのカブづくりのようすを描きながら，おじいちゃんやおばあちゃんとほのかのあたたかな交流が，心にやさしくひびきます。

　この絵本は，絵が大きく色もきれいなので，四季の移り変わりなど，絵をじっくり見せながら読み聞かせをするといいです。（尾崎　優）

※伝統野菜
　その土地で古くからつくられてきたもので，採種を繰り返しながら育てられ，その土地の気候・風土にあったその地域独特の野菜をいいます。その地域の食文化と密接なつながりがあります。1970年代以降，大量生産が求められる時代になって，形や量が揃わない，手間がかかるといった理由から，大消費地向けにはほとんど消滅しました。近年「地産地消」や「安全」が叫ばれるようになり，再び伝統野菜に注目が集まっています。大根だけでも，亀戸大根（東京・江東区），守口大根（愛知），桜島大根（鹿児島）など，全国にたくさんあります。みなさんの身近な地域にはどんな伝統野菜があるか，調べてみるといいでしょう。

『山に木を植えました』作・絵：スギヤマカナヨ，畠山重篤監修
講談社，2008 年 5 月 28 日 第 1 刷

（ストーリー）
　山に木を植えます。木は枝を伸ばし葉を茂らせ，やがて実をつけます。木の実はさまざまな方法で次の命に繋がっていきます。落ち葉は腐葉土となり，栄養とフルボ酸をつくります。フルボ酸は鉄とくっついてフルボ酸鉄になり，栄養分といっしょに，山からわきでた小川に運ばれ，川に流れこみます。田んぼにも流れていきます。川はやがて，海へと流れていきます。海水がひくと，干潟という砂地が現れます。そこには，水をきれいにする生き物がたくさん住んでいます。それらの生き物は，干潟にやってくる渡り鳥の栄養にもなります。海の浅い岩場では，太陽の光と栄養が海藻や植物プランクトンを育てます。栄養を取り込む手助

けをしてくれるのが，はるばる山からやってきたフルボ酸鉄なのです。植物プランクトンを動物プランクトンが食べ，動物プランクトンを小魚が食べ，小魚を大きな魚が食べます。海の生き物を人間が食べ，わたしたちの栄養になります。また，海の水は太陽に温められて水蒸気になり，空に上って雲となり，また山に雨を降らせ木が育ちます。こうして，森から海への自然のようすやつながり，自然のサイクルを科学的にていねいに描いています。

（コメント）
「森は海の恋人」という言葉を聞いたことがありますか。宮城県気仙沼湾でカキの養殖をしている漁師さんたちは，「森は海の恋人」を合言葉に，気仙沼湾に注ぐ大川上流の室根山の植林活動を続けています。

かつて，汚れてしまった海を元気な海に取り戻したいと，気仙沼の漁師さんたちが落葉樹を植え始めました。ムラサキシキブ，マンサクなどのあまり大きくならない木や，ミズナラ，トチノキなどのずうっと大きくなる木を植えています。

海で働く漁師さんたちが山に木を植えるなんてちょっと変ですよね。一見不思議に思えますが，実際にこうした植林活動が行われてきました。そのわけは，森でつくられる養分を川が海に運び，結果として海を豊かにすることになるからです。「漁師さんはどうして山に木を植えるのか？」絵本を読み進めるうちに，この謎が明かされて行きます。

2011年3月11日の東北大震災で，気仙沼湾も被災しました。カキやホタテの養殖場は壊滅的な被害を受けました。監修者の畠山さんの養殖場も同様です。それでも漁師さんたちは負けてはいません。その年の6月5日には23年目の「森は海の恋人」植樹祭を例年どおり行い，現在も続いています。2015年の第27回植樹祭には，全国各地から1,500名が参加して開催されました。

この絵本は，事実を分かりやすく絵で説明しながら自然のサイクルを描いています。その流れの中で，生き物がたくさん出てきます。とてもリアルに描かれているので，生き物図鑑としても活用できます。

この絵本には漁師さんは登場しません。しかし，海の汚れを何とかしようという漁師さんたちの熱い思いが，この絵本の背景にあるのです。（尾崎 優）

『みんな うんち』作：五味 太郎，1977 年 7 月
福音館書店，1981 年 2 月 第 1 刷，2000 年 4 月 第 56 刷

(ストーリー)
　大きいぞうは大きいうんち小さい ねずみは 小さいうんち らくだに 魚，鳥に 虫も　いろんな　動物が　いろんな　うんちをする　形も　色も臭いも違う　さて　へびのおしりはどこだろう　くじらのうんちは　どんなだろうとなげかけます。止まってする 歩きながらする あちこちにする 決めたところにする うんちの仕方を追います 人間は 大人も 子どもも 赤ちゃんも決まったところで する　しかし うんちをしても やりっぱなしもいれば 後しまつするもの 水辺で

するもの　水の中でするもの　と事後も様々だ　人間だけが　紙で拭いて　水を流す
「いきものは　たべるから　みんな　うんちをするんだね」
　（コメント）
　子どもは，うんちの話が大好きです。様々な動物の生態や習性によって，その仕方，形，臭い，処理の仕方が千差万別であることを，五味 太郎の独特のユーモアと暖かみのある絵で表現しています。人間もその動物たちの一員であることをさりげなく盛り込み，人間だけが作り出せる生活文化と対比させています。
　うんちをすることが汚いとか，恥ずかしいことだと考えてトイレをがまんしてしまう子どもに安心してもらう手引き書にもなることでしょう。さらに食教育，からだの学習，いのちを考える良いきっかけになることでしょう。ただただ，うんこにしたる楽しみ方をまずおすすめします。
　「いきものは　たべるから　みんな　うんちするんだね」の終章の，人間をふくむ７種のいきものが食べ，次に排泄する見開きの連続の場面は，とにかく絵本の持つメッセージ性が伝わり圧巻です。
　うんこ絵本は，この他にも谷川俊太郎の『うんこ』などたくさんあります。うんちの絵本がどれだけあるかさがしてみるのもおもしろいでしょう。
　絵本での，「なげかけ」で答えがないヘビは，おなか側の後ろの方に総排出腔（肛門と生殖器が一緒になった器官）といううんちの出るところがあり，ここから後ろが尾になります。またクジラの肛門は，魚と同じ中心よりやや尻尾の側にあります。魚やイカなどの消化のよいものを食べるのでうんちは，団体混じりの液体なので海面にプカプカ浮かぶことはなく周りの魚がむらがって食べてしまうそうです。（岸 康裕）

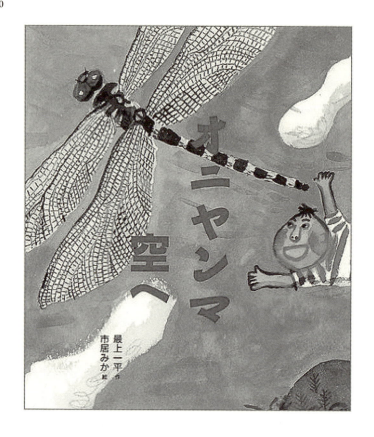

『オニヤンマ　空へ』作：最上一平　絵：市居みか
岩崎書店，2002年7月10日 第1刷

(ストーリー)
　たけるの家では，毎年夏のはじめに生後1週間で亡くなった妹・ことみの墓参りに出かけます。墓参りを終えたたける一家は，風の谷公園で遊びます。今年は魚とりのあみを持ってきて，公園内の小川でドジョウ2匹とヤゴ1匹をとりました。たけるは，ドジョウとヤゴを家に持ち帰って育てます。やがてヤゴから羽化したばかりのオニヤンマを見たたけるは，オニヤンマと妹・ことみの生命と重ね合わせ，オニヤンマを生まれた場所へとかえしてやろうと決意します。たけるは両親には内緒で，1人で電車やバスを乗り継ぎ，途中迷子になったり，夕立にあ

ったりしながらも風の谷公園を目指します。

（コメント）
　この絵本はたけるとオニヤンマ（ヤゴ）の交流が主題です。たけるは，持ち帰ったヤゴとドジョウを大事に育てます。だからこそ，ヤゴがオニヤンマに羽化した日，水そうにヤゴがいないことに気づいたたけるは，ドジョウが食べたのでないかと疑い，生まれたてのオニヤンマをみつけると「オーイ，生きてるか」とそっと呼びかけたのです。そして，羽化したばかりのオニヤンマを，山も川も風もチョコレートの味も知ることなく，生後間もなくして亡くなったことみと重ね合わせたのです。そしてたけるはオニヤンマを風の谷公園にかえす決心をし，1人で電車・バスを乗り継いで風の谷公園を目ざす冒険がはじまります。このことから，この物語は，たけるがオニヤンマを介してことみに想いを馳せ，さらにはたける自身が成長していく物語であるとも言えます。
　たけるが育てたのはたった1匹のオニヤンマですが，その命をことみと重ね合わせたとき，そのオニヤンマの命はとても重いものに感じてきます。このように虫などを飼育する体験が，命の大事さを経験的に理解すること，さらには自然を大切にする気持ちにもつながってくることでしょう。
　また，絵本の序盤，小川で魚とりをする場面では，自然の中で遊ぶ楽しさがよく表現されています。しかし，このような自然の中で遊ぶことのできる場所も機会も年々減少しています。安全面での不安，塾や習い事による子どもの多忙化や，遊び方も多様化など，原因はいくつか挙げられますが，自然体験の機会が減った結果，虫が動かなくなって「電池をかえて」というような，自然を知らない子どもが出てきています。
　なお，たける自身は意図していませんが，採取した生き物は採取した場所でかえす，ということは生物多様性保全の観点からも大事な原則です。（渡部　裕司）

『ほうれんそうはないています』文：鎌田 實，絵：長谷川 義史
ポプラ社，2014 年 3 月 第 1 刷

(ストーリー)
　すくすく育ったほうれん草。おにぎりにしたらとってもおいしい米。栄養たっぷりの牛乳。煮付けにしたら最高のカレイ。でもみんな食べてもらえません。原発事故の影響です。土が，海が，空が，木が，花が，動物が泣いています。どうしてこうなったの？　誰か，教えてください。ぼくらは，何か悪いことをしたの？悔しいよ。苦しいよ。寂しいよ。悲しいよ。生き物たちの叫びが聞こえてきます。

(コメント)
　2011 年 3 月 11 日の福島第 1 原発の事故後，日本の子どもを守りたい，地球上

の子どもたちを守りたい，原発や原子爆弾など，核のない世界をつくりたいという2人の作者の強い気持ちが絵本になりました。

　すくすく育ったほうれん草はきれいな色をしています。しかし，「でも，ぼくはたべてもらえません」と書かれた次のページは暗い単色です。よく実った米を乗せる手はきれいな色をしています。しかし，「でも，わたしはたべてもらえません」と書かれた次のページは暗い単色です。「うし」「かれい」も同様に続きます。「ほうしゃのうで，だいちはよごれ」「おじさんがないてる。おばさんがないてる」「みんなないてる」。「ぼくらはちゃんとたべられたかった」「ぼくらは，なにかわるいことをしたの？」生き物たちの思いが，悲しみが，見事に色分けされ描かれています。最後のページにはきれいで雄大な自然が描かれ，「もう，なきたくない」の一文のみが書かれています。この短い文には，作者のどんな思いが詰まっているのでしょう。希望を表す自然の美しさを，ぜひ子どもたちに感じとってもらいたいページです。

　食べ物が汚染されるということは，人がそれらの食べ物を食べられなくなってしまうということです。人は自然と関わって生きています。その自然を破壊してしまったらどうなってしまうのでしょう。

　この作品は，環境汚染の事実を生き物の立場でありのままに描いています。放射能汚染は，確実に農産物，家畜，魚介類そして人間たち生き物に悪影響を与えます。原発については賛否両論ありますが，放射能汚染の問題をどう考えたらいいか，生き物の立場で考えさせます。

　低学年の子どもには，放射能汚染のことが分からない子もいます。原発事故とその後の福島やその周辺の問題，例えば「家に帰れない」「できるだけ遠くに引っ越す」「作物の風評被害」等にふれていただければと思います。

　この絵本を読んだ子どもたちは，きっと心に残る大事なことをつかみとってくれると思います。（尾崎　優）

『チロヌップのきつね』作・絵：たかはしひろゆき
金の星社，1972 年 8 月 第 1 刷，2015 年 2 月 第 143 刷

(ストーリー)
　北の海のチロヌップという島に，きつねの家族（父・母・兄・妹）が平和に暮らしていました。この島を訪れて漁を続ける老夫婦は，1 年の決まった時期に島に来て滞在し，魚や海藻を収穫し，冬になると本島に戻るという暮らしをしています。ある日，老夫婦は親とはぐれてしまったちびこぎつねを見つけ世話をしてあげるようになり，首には赤いリボンを結んでやりました。チロヌップには，きつねたちと心あたたかい人々との穏やかな暮らしがありました。
　しかし，戦争の余波は，北海の孤島に住むきつねの家族にも及んできます。ほうやぎつねは島にやってきた兵隊の銃に撃たれ，ちびこぎつねは，わなにかかって身動きができません。父さんぎつねは子どもを守ろうとあえて兵隊のにおいの

するほうへ向かい，戻ってくることはありませんでした。自らも傷を負った母さんぎつねは，ちびこぎつねに毎日えさを運びます。やがて雪が降り始めました。きつねの親子の上に，雪はあとからあとから降り積もっていきました。

　老夫婦にとっても，チロヌップは大事な生活の場ですが，戦争が激しくなったために，島に行くことができなくなりました。戦争が終わり，何年かたって島を訪れた老夫婦の見たものは，息絶えたきつねの後に咲くきつねざくらの2つのかたまりと，そばには錆びた鉄の鎖と，そして，ぽつんと1つ咲いていた赤いリボンのような花でした。

（コメント）
「チロヌップ」とはアイヌ語で「キツネ」の意味です。作者が千島のウルップ島に上陸した際，密猟者のいくつものわなと無数の動物の骨を目にしたとき，やりきれない気持ちになり，その思いがこの「チロヌップのキツネ」創作のきっかけになったそうです。

　この物語はチロヌップに暮らすきつねの親子愛を描いていますが，同時に戦争が背景にあります。平和と戦争を対比して，読む人の心に平和の大切さを訴えます。

　ただ平和に仲良く暮らしていただけのきつねの家族が，人間が勝手に始めた戦争にまきこまれます。「戦争」を直接描写した場面はありませんが，淡い色で描かれた美しい挿絵だからこそ，平和の大切さを静かにより強く訴えてきます。

　平和に暮らすきつねがなぜ死ななければならなかったのか。グループの読み聞かせなら子どもたちに自由に考えさせ，意見交流させるのもいいですし，親子で話をするのもいいと思います。

　この絵本は，海外でも英語版・エスペラント語版・ドイツ語版が出版され，世界中の子どもたちに読まれています。また，アニメ化された映画が1987年8月に公開され，話題になりました。（尾崎　優）

『トビウオのぼうやはびょうきです』作:いぬい とみこ,絵:津田 櫓冬
金の星社,1982 年 7 月 第 1 刷,2014 年 6 月 第 82 刷

(ストーリー)
　青い南の海の静かなサンゴ礁のそばに,トビウオの親子が住んでいました。
　かあさんトビウオとぼうやのトビウオが話をしているとき,頭の上のサンゴの林が急に明るくなりました。海の上空は,お日様がもう 1 つできたように真っ赤に染まっています。そのとき,海の水が大きく揺れて,恐ろしい音が響いてきます。その爆発によって,トビウオのお父さんだけでなく,たくさんのマグロやフ

カが死にました。海の中は恐ろしい墓場のようになりました。

　ある日，トビウオのぼうやが病気になってしまいます。爆発のあとの白い粉をかぶった魚たちは，みんな同じ病気になりました。トビウオのお母さんはぼうやを助けようと病院や薬屋に行きますが，この病気の治し方を知っている人はいません。トビウオのぼうやを助けてやれる人はいないのでしょうか。

（コメント）

　1954年3月1日，ビキニ諸島で行われたアメリカの核実験により，日本の漁船「第五福竜丸」とその乗組員が被爆しました。しかし，その水爆実験後30年の間，反核の声が広がったにもかかわらず，核実験は止まりませんでした。そこで「反核の声がさらに広がるように」との思いから，この絵本がうまれました。

　この絵本は，トビウオの家族や穏やかに日々を過ごす海の生き物に降りかかった出来事を描いたお話ですが，「死の灰」を浴びた船員の運命を，海の生き物たちの運命と重ね合わせ書かれています。小さい子どもにも分かるように，海の生き物のようすを通して実際に起こった核の恐ろしさを伝えています。

　被爆後の第五福竜丸は海に捨てられたままになっていましたが，「その記憶を消さないために」と保存運動が起こり，現在は第五福竜丸展示館として，東京都夢の島公園に展示されています。第五福竜丸に関する本もたくさん出版されています。

　1945年8月太平洋戦争末期の広島・長崎に落とされた原爆，戦後の水爆実験，その後の核平和利用（原子力発電），1979年アメリカ，ペンシルバニア州スリーマイル島の原発事故，1986年ウクライナ共和国チェルノブイリの原発事故，そして2011年3月の福島の原発事故にもつながります。

　トビウオのぼうやと同じように，福島の原発事故による汚染で，太平洋の海の生き物たちにも影響がでています。どれだけの環境破壊が地球上に起きてしまい，いつまでそれが続いてしまうのかなど，平和について，環境について，この絵本を読んだ子どもたちにぜひ考えてもらいたいと思います。

　なお，この本をもとにした短編アニメーション（19分，制作：翼プロダクション），紙芝居（童心舎）も作られています。（尾崎　優）

『猫は生きている』作：早乙女勝元，絵：田島征三
理論社，1973 年 第 1 刷，2000 年 7 月 第 80 刷

(ストーリー)
　舞台は昭和 20 年に入った東京の下町。昌男は，妹の光代と生まれたばかりのチイ子とお父さんとお母さんの 5 人暮らしですが，お父さんは戦地に行っていて今はいません。
　昌男はいつの日からか，縁の下に住むようになった野良猫に稲妻と名付けかわいがっていました。ある日，稲妻は赤ちゃんを 4 匹も産みました。
　ところが，3 月 9 日の北風の激しい夜のことでした。突然サイレンが鳴り響きました。あの東京大空襲が始まったのです。昌男たち 4 人も稲妻たち 4 ひき

も襲います。超低空でB29が爆音とともに降らす焼夷弾で火柱がたち昼間と思うほどの明るさです。

　家々は燃え，人々は逃げまどい川に飛び込み必死に避難しました。しかし，光代は背中に焼夷弾が突き刺さり，お母さんはせめてチイ子だけでもと両手で地面を掘り乳房をくわえさせ四つんばいのまま，昌男は，最後の力をふりしぼって稲妻たちを助け力つきて沈んでしまい，4人ともいのち尽きてしまいます。

　それでも，稲妻たち猫の一家は全員生きていたのです。稲妻たちは，両手に1枚の爪もないお母さんを見つけると，すすと泥まみれの顔をみんなでなめてやりました。稲妻はお母さんに別れをつげて焼け野原を子どもたちと歩き始めました。一夜にして10万人ものいのちを奪った東京大空襲の中でも，猫は生きていたのです。

（コメント）
　『東京大空襲』（岩波新書）の著者である早乙女勝元氏（現在は，東京江東区にある「東京大空襲・戦災資料センター」館長）は，「あの戦争中の私たちの姿を，真実をありのまま幼い子どもたちにつたえる本はないものでしょうか」と言う東京大空襲を体験したお母さんの声でこの絵本の制作を考えたといいます。
　幼い子どもたちに親しみ深い猫の目線で戦争を描くことで自分事としてリアルに捉えさせています。また，戦争に行ったお父さんは登場せず，残された昌男たち家族，つまり銃後の人々，大人も子どもも無差別に犠牲になった戦争の残忍性という本質に迫っています。
　絵は「ベトナムの子どもを支援する会」の一員である田島征三氏が担当し，2人の熱い思いが込められて完成しました。田島氏は，絵本の中で焼夷弾の直撃で死んだ光代と同い年のとき大阪で空襲を体験しているそうです。だからこそ，昌男の家族と猫の一家を襲った東京大空襲をリアルに迫力ある絵に表現できたのでしょう。「希望にあふれた人生を突然乱暴に断ち切られた子ども達のことを僕たちは決して忘れてはいけない」とあとがきに記しています。
　作品は同名の人形劇映画（監督：島田開，大映映画）にもなりました。また，『東京大空襲ものがたり』（作：早乙女勝元，絵：有原誠治）という絵本もだされています。（岸 康裕）

『やぎのしずか』①〜③ 作：田島 征三，文化出版局，1975年3月 第1刷
同シリーズ ①〜⑦ 偕成社，1983年

（ストーリー）
「『しずか』とは春，ぼくの家にもらわれた山羊の名前です。この絵本は，子山羊のしずかが母さん山羊になるなでのお話です。みんな本当にあったことをもとに創りました。だから，この絵本は家畜とその飼い主一家の絵日記のようなものです。」……と前書きにあるように田島ファミリーのドキメンタリー絵本です。
第1巻は，なおこにだかれ，「草がのびるよりもしずかが大きくなるほうが早い」ほどぐんぐん大きくなる春。「なおこの手に負えなくなった」しずかは，お

父さんが世話をすることになる夏。やがて秋，しずかは草を食べずにメエメエないてばかり。やぎの病院に行くことになったのです。出産の準備が始まりました。大きくなるしずかのお腹をみて，なおことお父さんは冬の山を歩いて青いシダをたくさん刈ってあげます。しかし，しずかは，なおこのお腹に頭から突進してしまいます。やがて，あたたかくなった春，丘の上から大きな声が聞こえてきました。お父さんとお母さんの目の前で赤ちゃんを産んだのでした。

　第2巻は，しずかが初めて子山羊を産んで育てるまでのお話です。なおこは，「地べたをかけるとぽろぽろという音がする」ので「ぽろ」と名付けました。ある夜，何ものか，にわとり小屋をおそいました。次の日も恐ろしいものが近づいてきましたが，しずかが突進してにわとりのかたきをうち，ぽろを守りました。ぽろは，「おちちの飲み方もすごいいきおい」で大きくなっていきました。ぽろは友だちの家にもらわれることになり，なおこはその少年に「ぽろをいじめたらしょうちしないよ」と涙でうったえました。

　第3巻は，またひとりぼっちになったしずかのお話です。お父さんが，何度も失敗しながらようやく，ちちしぼりに成功し，お母さんがヨーグルト，チーズ，スイスキャンデーを作ってくれました。ある日しずかは，脱走し近所のキャベツ畑をあらして，おじいさんにつれもどされます。なおこの家族はびっくりしながら，しずかの乳で作った焼きたてのクッキーを全部お礼にさしあげました。

（コメント）
　第1巻は，いのちの誕生物語です。なおこがしずかに突撃されてきらいになった時，お母さんもなおこを産むとき，イライラしたことを語って母子のいのちをめぐる会話が自然に伝わってきます。出産の場面の迫力は，絵本ならではの魅力です。第2巻は，里山にはイノシシ，キツネ，タヌキなど野生動物が生息し，家畜さえ襲う食物連鎖という厳しい現実があること，その中でしずかが母親として子どもを守った母の物語です。第3巻は，家畜としての山羊が，家族に自給自足の食材を提供し，食文化を豊かにしてくれるという食の物語です。里山の自然の中で家族と自給自足を実践しながら創作活動を展開している田島征三の子育てメッセージです。今は，『やぎのしずか』シリーズ全7巻になっています。（岸　康裕）

『いつか どんぐりの木が』作：イヴ・バンティング，絵：ロナルド・ハイムラー，訳：はしもとひろみ　岩崎書店，2000年10月31日 第1刷

(ストーリー)

　少女アリスのうちには大きな原っぱがあり，大きなどんぐりの木がはえています。アリスもお父さん，お母さんもこのどんぐりの木がお気に入りです。しかしある日，どんぐりの木がまだ春だというのに枯れはじめてしまいます。原因を調べてもらうと，化学薬品による毒だということがわかります。このどんぐりの木を救おうと，みんなで協力して様々な手当てをしますが，木はどんどん弱っていき，枯れていきます。あきらめかけていたある夜，アリスは宝物にしている，ガラスのびんに入れた拾ったどんぐりがあることに気づきます。そして，翌朝，毒

がしみていない場所にどんぐりを埋めます。どんぐりが再び生えるのがいつのことか，アリスにもわかりません。「でも，ここにはえるんだよ。いつか，どんぐりの木が」。

（コメント）
　この絵本は，アリスの視点からどんぐりの木をめぐる一連のストーリーが描かれています。子どもたちはアリスに寄り添い，物語に自然と入りこむことができるでしょう。また，最後はアリスが宝物にしていたどんぐりを埋める場面で幕を閉じます。アリスとともに，「いま，わたしたちにできること」を考えるきっかけにもなるのではないでしょうか。
　また，木にはさまざまな役割があることを教えてくれます。1つは，地域や，人とを結ぶ役割です。この絵本の中心にあるどんぐりの木は，アリスの家の土地に生えているものですが，化学薬品のせいで木が弱っていく一方で，近くに住んでいる人々が，木を守るために手当てを手伝いにきたり，「おみまいのカード」など，「はげましのきもち」を様々な形で表現します。このことから，アリスの家のどんぐりの木が，いろいろな人との交わりの物語を持っており，みんなから親しまれる，地域の木としての役割を果たしてきたことがわかります。ほかには，木が枯れはじめてから，木に遊びに来ていた小鳥，リス，シカなどが来なくなったという場面から，植物が生態系の土台としての役割を担っており，他の生き物とつながっていることに気づかせてくれます。この場面はレイチェル・カーソンが書いた『沈黙の春』を思い出させます。
　この絵本はアメリカが原作のため，アリスの家のどんぐりの木のような，家庭で所有している土地や木が地域の人に愛される事例は，日本では少ないかもしれません。しかし，地域の公園や学校等で，このような関わり方がされている木はたくさんあることでしょう。（渡部 裕司）

『しょうぶだ！ぴゅんすけとぴった』作：串井てつお
PHP研究所，2012年4月25日 第1刷

（ストーリー）
　小さな小さな滝がある田んぼのすみっこで，泳ぐことが得意なとのさまがえるのぴゅんすけと，変身することが得意なあまがえるのぴったが出会います。2匹は自分の特技を見せ合います。うんとジャンプできるのはどっちかな？　変身できるのはどっちかな？　かっこいいのはどっちかな？……。最後は鳴きくらべです。2匹はいっしょうけんめい大きな声で鳴きました。でもいつまでたっても勝

負はつきません。ついにけんか別れをしてしまいます。

　ひとりになったぴゅんすけは、「まったく、いやなやつだ」と怒って言いながらも、「……だけどすごいなあ。からだのいろがかわるなんて」とぴったのことを考えていました。そこにヘビが襲いかかりました。同じくひとりになったぴったも「あいつ、おぼえていろよ。こんどこそ……」と文句を言いながらも「それにしても、あのジャンプ……すごいはくりょくだったな」とぴゅんすけのことを考えていました。そこにこうのとりが襲いかかりました。2匹ともうまく逃げることができますが、それぞれ相手のことが心配になり助けに行きます。2匹はあちこち探し回り、ようやく出会うことができます。小さな田んぼを舞台に、2匹の交流と友情をえがいています。

（コメント）
　お話は、とのさまがえるのぴゅんすけとあまがえるのぴったの特技の見せ合いから始まります。同じかえるでも、とのさまがえるとあまがえるの違いがよくわかります。2匹のやりとりが楽しいです。勝負はつかずけんか別れした相手なのに、自分が他の動物に襲われたとき、相手のことが心配になります。自分との違いが認められるから、相手を思いやる気持ちが生まれたのではないでしょうか。2匹の気持ちがすんなり読み手の心に届きます。

　この田んぼの周辺にはたくさんの生き物が描かれています。さまざまな草花、水草や浮き草、空を飛ぶテントウムシ、ヘビ、こうのとり、卵を産んでいるギンヤンマのめす・おすも登場します。かえるの生態をふまえながら、自然の中で暮らすかえるをめぐる状況がよくわかります。ヘビやこうのとりに襲われる場面では、小さなかえるの視点で描かれたヘビやこうのとりは迫力があり、襲われるかえるの心情がよく表れています。

　絵がきれいで、2匹の特技の見せ合いっこもアニメ映画を観ているように生き生きと描かれています。お話も分かりやすいので、4,5歳の小さなお子さんから十分読み聞かせできます。

　このお話には、かえるが虫を食う場面や、ヘビやこうのとりがかえるを捕食しようとする場面が描かれています。さまざまな生き物が食うか食われるかの自然の中で暮らしているということを、読み進めながらしぜんにつかめるのもいいです。（尾崎 優）

『そらの木』作・絵：北見葉胡
岩崎書店，2008年4月30日 第1刷

（ストーリー）
　ゆいちゃんが草原で「なにか おもしろいこと ないかなあ」とつぶやくと，「じゃあ ぼくと あそばない？」とどこからか声が聞こえてきます。その正体はそらの木。「でも，あなたと あそべるかしら？」とゆいちゃんがいうと，「うえをみあげてみて」とそらの木。上を見上げると，鳥の巣がかかっています。この絵本は，ゆいちゃんとそらの木が，さまざまな季節に触れ合う様子を描いています。雪がつもったある日，ゆいちゃんは引っ越すことになり，再会の約束のしるしとして，どんぐりのペンダントをそらの木にかけます。しかし，数年がたち，ゆい

ちゃんが草原に戻ってくるとそらの木の姿は見当たりません。すると，そらの木の「こっち こっち」という声が聞こえ，声の方向へ向かいます。そらの木は切り株になっており，その切り株には，新しい小さな芽が生えていました。

（コメント）
　この絵本で展開されるさまざまな季節でのゆいちゃんとそらの木の交流を通して，木の多様な役割について知ることができるでしょう。絵本では，鳥などのすみかとしての役割や，夏の暑い日には木陰にいくと涼しく感じること，秋には実を付ける木があり，人間が食べるものもあることなどが出てきます。この絵本をきっかけに，身近な木に興味を持ってもらえたらと思います。よく観察すれば，鳥が木に止まっているなど，そらの木のように，木が木がさまざまな役割を果たしていることがわかるはずです。
　また，そらの木のゆいちゃんへの想い，この街への想いにも注目したいところです。晩秋，葉がずいぶん落ちてしまった日には，そらの木はおとこのことして姿を表し，ゆいちゃんと木の枝にひもをかけてブランコをしたり，なわとびをしたりして遊びます。そして，見せたいものがあると，そらの木に登り，ゆいちゃんに街を見下ろす景色を見せて，「このけしきがいつまでもかわらないといいなあ」と言います。
　ゆいちゃんが引っ越した数年後に，そらの木に会いにやってくると，そらの木は切り株の状態となりながらも新たな芽を出していました。ここにそらの木の生命力の強さを感じます。この絵本を作者の北見葉胡さんは，「再生する木の物語」として描いているようです。
　絵本を読むときには，まずゆいちゃんとそらの木の交流を楽しんでほしいと思います。また，季節ごとに，ゆいちゃんとそらの木以外の周りの様子も変化しているので，絵のひとつひとつを，それぞれの季節を味わいながら読んでほしいと思います。（渡部 裕司）

『ジュゴンのくる海』文：宮里きみよ，絵：ふりやかよこ
新日本出版社，2001年3月25日 第1刷

（ストーリー）
　戦争が終わった年，サンゴが壊れ，魚や貝もいなくなってしまった。お腹を空かせた海人(うみんちゅ)（漁師）たちは，ある日，親子のザンヌユウ（ジュゴン）を捕え食べてしまう。長い年月が経ち，サンゴ礁もよみがえり，魚や貝も戻ってきたが，ザンヌユウのすがたはなく，海人のおじいはずっと待ち続けている。海人のおじい

は少年によく話を聞かせ，一緒に海に出て「たべる分だけあればいいさ。よくばって海をあらしたら，ご先祖さまのばちがあたる……」と自然に対する思いやりの心を教える。ある日，少年は海に潜り，ザンヌユウを見つける。あくる日の夜，おじいも一緒に海に潜ると刺し網にザンヌユウがひっかかっていた。おじいが持っていたナイフを使い，ザンヌユウを助けた。おじいはザンヌユウが帰ってきてくれたことに感謝した。少年はそれからも海に潜りもう一度ザンヌユウと会う。一緒に生きていく海だと誓い，美ら海を守ることを決意する。

（コメント）
　本の中に出てくるおじいの言葉に共通していることは「自然への思いやり」です。おじいは，戦争を通して，一度壊れた環境を元に戻すことはとても難しく，もとに戻すには長い年月がかかるという事を学んでいます。「たべる分があればいいさ。……」や「ザンヌユウが帰ってきた。……」と海に向かって手を合わせているところは，少年，そして本を読んだ子どもたち・大人に自然に対する思いやり・感謝の心を教えています。
　この本に登場する海は沖縄県名護市辺野古漁港の沖合の海です。ここは1998年1月に国内で初めて野生のジュゴンの撮影に成功した場所ですが，今は新しい米軍基地建設予定地にもなっている場所です。発見された当時，神の使いであるジュゴンが「この海を壊さないで」と伝えに来たと多くの人が喜びました。今，「このまま，ジュゴンの来る美ら海を壊していいのか」という思いから多くの人が反対運動を行っています。沖縄県はこの辺野古だけでなく，多くの海で埋め立てが行われ，住民が反対運動を行ってきました。この絵本は単に「埋め立てをなくそう」というのではなく，自然からの声に耳を傾けようという自然を思いやる気持ちや自然と人がどうやって付き合っていけばよいのかを子どもだけでなく，大人にも伝えています。
　沖縄を舞台に書かれ，沖縄独特の言葉（うちなーぐち）も交えながら豊かな美ら海の様子と，海ン人のおじいと少年の海に対する愛が絵と文をとおして生き生きと伝わってきます。（長谷場 舞）

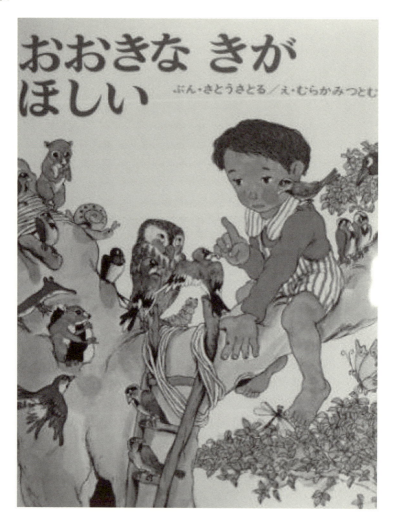

『おおきなきがほしい』文:佐藤さとる　絵:村上勉
偕成社, 1971 年 1 月第 1 刷, 2009 年 6 月第 144 刷

(ストーリー)
「おおきな おおきな木があるといいな。ねぇ, おかあさん。」という主人公か

おるの思いからこの絵本は始まります。かおるの思い描く大きな木とは、本当に大きな木であり、うーんと太い木です。2番目の枝まではしごをかけて、その上は木の幹にぽっかりあいたほらあなの中のはしごを登ります。さらに上にはかおるの小屋があって、……と続き、夏には……、冬には……、とかおるはまるで今その木に登っているような気持ちになって想像をどんどん膨らませています。かおるは考えた大きな木の絵を描き、絵を見せながら父に話をし、さらに夢を膨らませ、最後には父と一緒に木を植えるという展開になっています。

（コメント）
　この絵本には、大きく3つのポイントがあると考えます。
　1つ目は、絵本を横から縦にすることで視覚的に変わる点に面白さや楽しさを感じることができることです。絵本を読みながら絵本の中のかおると一緒になって想像を膨らませ、まるで木に登っているような気持ちになれます。私自身も子どもの頃木登りが大好きだったため、様々な種類の木に登りながらこの先に自分のツリーハウスがあったらいいなと願い設計図まで考えてみたことがあったのを思い出しました。大人になるとあれはできない、これもできない……と現実をみて物事を考えてしまい想像力が欠けてしまう傾向があると思います。そのため、この本を読むにあたって、幼少期から想像力・発想力を豊かにし、夢をもったり新しい発見をしたりするきっかけ作りになることを期待します。
　2つ目は、春夏秋冬の四季に応じて風景、動物、植物の移り変わる姿にも注目でき、自然のもつ役割にも興味をもつきっかけになる点に魅力を感じることです。季節を感じさせるということについては、挿絵だけを見て比べるという楽しさもあり、春と秋の葉の色の違いを探してみる等のさまざまな絵本のたのしみ方があると考えます。
　3つ目は、親と子のふれあいが大切にされているということです。親が子どもの気持ちに共感する様子がこの絵本には書かれているため、子どもたちはこの本を読むことで、自分の気持ちや考えを親に話してみよう、聞いてもらおうという気持ちを持つきっかけにつながるといいなと思います。そして、かおるのように実際に行動にうつす楽しさも多く経験してほしいと願っています。　（山根 彩）

『わすれられないおくりもの』作:スーザン・バーレイ,訳:小川仁央
評論社,1986年10月第1刷,1994年10月第16刷

(ストーリー)
　年老いたアナグマは物知りで,困っている友だちがいると助けてあげるので,森の誰からも慕われていました。ある日アナグマはモグラとカエルのかけっこを見に丘に登りました。友だちが楽しそうなようすをながめて幸せな気分に包まれました。
　その夜,アナグマは長いトンネルのむこうに行った夢をみながら亡くなりました。キツネが,いつものようにアナグマがおはようをいいに来ないと心配しているみんなに,悲しい知らせを伝えたのです。「長いトンネルのむこうに行くよ　さようなら　アナグマより」という手紙を持って。森のみんなは悲しみにくれ,とほうにくれながら,それぞれアナグマに教えてもらったことや思い出を語り始めます。モグラは,アナグマが教えてくれたはさみで手をつないだモグラを

切り抜いて見せました。カエルはスケートを教えてもらったことを，キツネはネクタイのしめかたを教えてもらったことを，ウサギのおくさんは料理を教わったことを。

　ようやく雪がとけたころ，みんなは悲しみをのりこえ元気をとりもどすことができ，「ありがとう，アナグマさん」と感謝をつげました。モグラにはその声がアナグマに聞こえたような気がしたのでした。

　（コメント）
　いのちあるものは必ず終わりがあります。死別です。それも日常生活の延長上にです。
　アナグマのいのちがつきて辛い別れでも，仲間達の心の中に生きる喜びや技を教わったことが生き続ける勇気となっていくというほのぼのした物語です。絵本の世界で種の違う生きものたちが，支え合いながら共生する森の暮らしは，人間社会の望ましい姿でしょう。
　仲間を失うことは悲しみでいっぱいですが，アナグマが生きる楽しさと大切さを教えてくれたことをそれぞれが語り合うことで明日の希望へと繋がります。いま，モノがあふれ人々は消費生活にどっぷりつかっていますが，スーザン・バーレイがいう贈り物とは，モノではなくかけがえのない仲間との絆，協力，連帯などの精神世界であることを伝えます。
　いのちがつきても人々のこころに生きていく上で大切なもの，いのちの尊厳というものをアナグマに語らせているといえましょう。（岸　康裕）

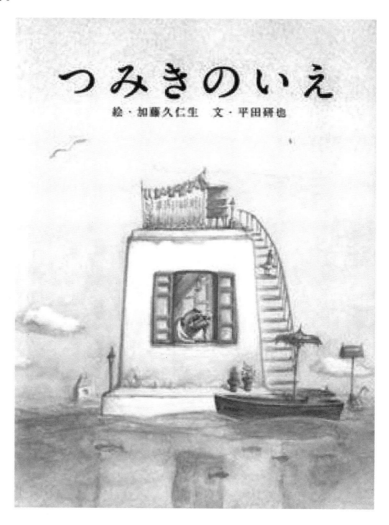

『つみきのいえ』絵：加藤久仁生，文：平田研也
白泉社，2002 年 10 月 21 日 第 1 刷，2003 年 3 月 20 日 第 6 刷

(ストーリー)
ひとりのおじいさんが海の上にある変わった家に住んでいました。水が増え続

ける土地で積み木のように家を積み上げながら独りで生活するおじいさん。住みづらさからまわりの人たちは他の土地へ移り住んでいく中，おじいさんだけはその土地を離れません。ある思いがおじいさんにはあるからです。家で釣りをしているおじいさんは海に落し物をしてしまいます。落し物を拾いに海にもぐったおじいさんがみたものとは，昔，一緒に暮らしていたおばあさんとの思い出でした。再び海の上に戻り，おじいさんは，また，いつもと変わらぬ生活を続けます。

（コメント）
　この絵本は，「おじいさん」という主人公の行動に沿って物語が進んでいきます。この絵本を読みながら，近所の公園で親や兄弟と遊んだこと，学校の登下校で友人たちと交わした他愛もない会話，今は亡き祖父と釣りに行ってたくさんのことを話した思い出といった記憶がよみがえってきました。自身の生活そのものや大切な思い出，家族や人とのつながりといった忘れられないものや，守らなければならないものを思い出しました。さまざまな苦楽を乗り越えて今の自分があるということに気が付かされました。これは，読み手によってさまざまな捉え方ができると思います。
　また，「海」を「記憶」としてとらえると，海の深さは思い出の深さでもあります。物理的な時間を超えた目に見えない人と人とのつながりの大切さや，自分が暮らしてきたその土地を大切にする思いに気が付くことができるのではないでしょうか。
　読み手にとって自らの大切なものは一体何であるのかを考え直すきっかけとなり，自然や人や，ものを大切にする心や自分たちの生活を捉え直していくことにも繋がっていくと考えます。
　自分にとって，自分たちにとって大切にしたいもの，大切にしなければならないものは何なのかを考えたり，身の周りの自然環境について考えを広げていくきっかけをこの作品は与えてくれます。（吉沢 信也）

『おくりものはナンニモナイ（The Gift of Nothing)』作：パトリック・マクドネル，訳：谷川俊太郎，あすなろ書房，2005年10月30日 第1刷　2014年10月30日 第20刷

（ストーリー）
　猫のムーチは，誕生日を迎える大好きな友だちのアールに，贈り物をしたいと考えていました。しかし，アールはごはんのお皿，ベッドなど，必要なモノはなんでも持っていました。なんでも持っている友だちを喜ばせるプレゼントはなんだろう。ムーチは考えた末，ナンニモナイをあげることにしました。ナンニモナイはどこにあるのでしょうか。ムーチの周りにいる人間たちは，テレビを見ながら「みたいものは ナンニモナイ」，友だちと何かして遊びながらも「することはナンニモナイ」と言っています。ムーチは，買い物から帰ってきた人間のミリー

が「かいたいものは ナンニモナイ」と言ったのを聞いて，ナンニモナイを買いにでかけることにしました。しかしお店には最新式，最新型など数えきれないほどのいろんなものが売っていても，肝心のナンニモナイは売っていません。ナンニモナイを手に入れられなかったムーチは家に帰り，いつもの場所でじっとして，なんにも探さないでいました。するとそこに，ナンニモナイがあることに気づきます。そしてムーチは，ナンニモナイを箱に詰めてアールにおくります。その後ムーチとアールは，モノはナンニモナイけれど，2人きりの時間を楽しみました。

（コメント）

この絵本は，モノがたくさんあることが必ずしも「幸せ」や「豊かさ」に結びつかない，ということを教えてくれます。もしかすると，絵本に登場する「ナンニモナイ」といっている人間たちの姿にドキッとする人もいるかもしれません。

日本は，高度経済成長を機に，物質的な豊かさは満たされ，現在も名目GDP（国内総生産）で世界第3位（2013年）の経済大国です。一方で，GDPや健康寿命などにより幸福度をはかる，世界幸福度調査（2015年2月）[1]では，日本は46位にとどまります。また，日本の若者は，自己を肯定的に捉えることや，自分に誇りを持っている人の割合が相対的に低いことが報告されています[2]。

私たちは，大量生産・大量消費・大量廃棄型社会のモノにあふれた生活を送っていますが，モノにあふれた生活が「幸せ」や「豊かさ」の十分条件でないことは，上に述べた調査からもわかります。ムーチとアールは，ナンニモナイの中にある豊かさについて教えてくれます。この絵本を通して，「幸せ」や「豊かさ」とは何か，考えてほしいと思います。

この絵本の絵と文章は，ともにシンプルに表現されています。このことによって，絵本が発するメッセージがよりはっきりと伝わってきます。（渡部 裕司）

1）国連関連機関のSUSTAINABLE DEVELOPMENT SOLUTIONS NETWORKによる調査。レポートは「World Happiness Report 2015」。http://worldhappiness.report/ から閲覧可能。
2）内閣府「平成26年版 子ども・若者白書」79ページ。

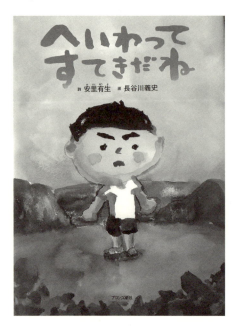

『へいわってすてきだね』
詩：安里有生　画：長谷川義史
ブロンズ新社，2014 年 6 月 23 日
第 1 刷，2014 年 7 月 10 日 第 4 刷

（ストーリー）

　沖縄に住む小学 1 年生（2013 年当時）の男児が書いた詩，『へいわってすてきだね』。沖縄全戦没者追悼式で朗読した際には，多くの方が涙を流したそうです。平和とは，友だちと仲良しでいること，家族が元気であること，など，子どもながらの純粋な視点で書かれた詩の最後は，「これからもへいわがつづくよう，ぼくもぼくのできることからがんばる」という力強い言葉で締めくくられます。

（コメント）

　「平和」と聞いて，まず思い浮かべるものは何か。私は「戦争」でした。平和とは戦争の対極で，戦争がない世界のことを，平和と言うのだ，と漠然と考えていました。戦争は，これまでの私にとっては，遠い過去の出来事であり，学校の授業で学習するものでした。そして，戦争について考えることがない私は，平和について考えることもありませんでした。当たり前のように平和な世界に生き，日常を過ごしているからこそ，「平和」について，具体的なイメージを持つことが出来なかったのだと思います。

　大学 3 年生の時，平和学習として沖縄を訪れました。南風原の壕に入った時，この狭い空間に，どれだけの人が逃げ込み，そして亡くなっていったのか，そう考えると恐ろしいような哀しいような，何とも言えない感情が沸き起こりました。想像を絶するような現実が，この地にはあったのです。沖縄では，当時の悲惨な状況を感じさせないほどきれいな空と海が私たちを迎えてくれます。しかし，当時の人々は，その景色を見つめ物思いにふけることが出来たのでし

ょうか。沖縄の自然に触れ，そんなことを考えました。同時に，「生きている」ことを実感しました。そんな時，この絵本と出会いました。純粋で力強い詩は，私の心に深く刻まれました。友達がいて，家族がいて，大好きな景色がある，そんな日常こそが平和なのだと強く感じました。

　平和とは，何も特別なことではありません。いま，私たちが当たり前に生きていることこそ，平和なのです。そして，私たちはその平和に感謝し，守っていかなければなりません。自分にとって，平和とは何なのか，それ守るために，何ができるのか。一人ひとりが向き合うきっかけとなることを願っています。

（大成菜摘）

　この詩は，沖縄の平和祈念資料館が募集した「平和のメッセージ」にこたえたものです。

　まっすぐで素直に平和を歌った詩に惚れ込んだ，絵本作家の長谷川義史が与那国島まで安里有生くんを訪ね，ゆったりとした自然の中で「これからも，ずっと へいわが つづくように」と願った気持ちを共有し，友情を感じながら絵本にすることを思い立ったといいます。長谷川氏は，あとがきで「いかなる理由があるにせよ，いえ，理由なんてないのです。人々を殺し，傷つけることは，まちがいです。あの子たち，有生くんたちを，戦争という名の，残酷で恐ろしい殺し合いに，巻きこんではいけない」と逆に有生くんに教えられたと記しています。

　6歳の有生くんの大人たちへの素朴なメッセージは，まるで有生くんが描いたかのような素朴でたおやかな絵になって，すっぽりと有生くんの詩を包み込んでいます。綿密な打ち合わせなどないのに詩と絵があまりにも自然に一体化しているのです。はたせるかなふたりの絵本は 2014 年 MOE 絵本屋さん大賞の第 1 位に輝きました。

　戦後 70 年，憲法 9 条のもと平和は保たれてきましたが，他国の戦争に日本が巻き込まれる危険性が浮上し，その永続化をはかる沖縄辺野古への基地移転をしようと，きな臭い状況が進む中，静かに告発するこの絵本は，タイムリーで誰もが待っていたと思えるのです。おおくの人に読んでもらいたい絵本です。

　長谷川義史は『ほうれんそうは ないています』（文：鎌田 實，72 頁参照）の作者でもあります。（岸 康裕）

『そのつもり』作：荒井良二
講談社，1997年12月10日第1刷，2008年10月3日第4刷

（ストーリー）
「そのつ森」という森では，動物たちが，森にある空き地をどう使うか，いつも話し合っています。「あなをほっておんせんにしよう」など，さまざまな提案をしては，「いいねぇ，それ。」と言いながら，「そのつもり」になります。しかし，リスの「なにもしないでこのままがいい」という案には，どうしてもそのつもりになれません……。

（コメント）
　この絵本を初めて読んだ時，心があたたかくなりました。空き地の使い方を提案するものの，行動するわけではなく，作ったつもりになるだけの動物たちの姿

は，どこか懐かしくもありました。私が子どもの頃も，秘密基地に何を作りたいか，友だちと意見を出し合うだけでとても楽しかったような気がします。一方で，「なにもしないでこのままがいい。」という，リスの提案に同意することが出来なかった動物たちの姿が心に引っ掛かりました。なぜ，動物たちは，そのつもりになることができなかったのでしょう。

「そのつ森」の動物たちは，私たち人間によく似ていると感じます。日本では，戦後の復興期，高度経済成長期にかけて，加速度的に開発を進め，経済を拡大させました。戦後は経済の復興が第一とされ，環境保全の視点はなかったため，開発の裏で，多くの自然を犠牲とする結果となりました。環境保全の考え方が一般的になりつつある現在でも，やはり人間による環境破壊は続いており，地球温暖化など，さまざまな問題を抱えています。「そのつもりになれなかった動物たち」は，自然環境の保護にまで十分に目を向けられず，開発を進めていった私たち人間と重なるのではないでしょうか。

自然に手を加えなくていいと言ったリスが正しいという訳ではありません。環境か，開発かという対立した考えではなく，ニーズを満たしつつ，自然が保持できる範囲で開発を行う，「持続可能な開発」という視点を持つことの大切さを強く感じます。

子どもたちには，自然と親しみ，大切にしたいという心を持つと共に，人間と環境とが密接に関係しあっていることを実感してほしいと思います。また，この動物たちのように，話し合い，合意形成をする経験を重ね，環境問題のように，答えが1つではない課題にも向き合っていけるような，力強さを育んでほしいと思います。（大成 菜摘）

『あの森へ』作：クレア・A・ニヴォラ　訳：柳田邦男
評論社，2004年6月15日第1刷，2008年第3刷

(ストーリー)
　この絵本は，主人公のねずみのぼくが村のはずれにある森に怖さを感じ，本当にその森が怖いところなのか確かめようと決心するところから始まります。森までの長い道を歩き，いざ森に飛び込み，木々が作る陰や草木のざわめきなどの自然や蝶，鳥などの生き物に触れました。それらとの関わりからねずみのぼく自身の命や自然の素晴らしさを肌で実感し，森を出て家路につきました。

（コメント）

　私が感じたポイントは，まずねずみのぼくが初めに抱いていた森への怖さが変化していった点です。普段生活している日常から怖いと感じていた森という非日常に入り，森の中で自然や生き物を肌で感じ森を通して自然や生き物への認識が変わったことは，子どもに実際に自然や生き物と触れ合う大切さを感じさせたり，自然体験をしたいという好奇心や興味を引き出すことができるでしょう。私自身も大学の研究室の「森の楽校」の活動の中で，森で自然を肌で感じそれを子どもと共有したり，子どもそれぞれの自然の感じ方を見る中で，実際に体験したからこそわかることや感じることがあると強く感じています。その一例として「森の楽校」のある日の活動で子どもたちと長い時間木の上で過ごしたことが思い出されます。その子どもたちの姿はねずみのぼくが森に寝転がって自然を感じている部分に重なり，自然の中でのんびりと過ごし自然を俯瞰することにも意味があると感じました。

　2点目はぼくのセリフにある「ぼくは生きていたんだ！」という言葉です。肌にふれる苔や自分の毛を揺らす風，木々の葉の間から降り注ぐ太陽の光などを通して，自らの命を実感していることがわかります。自然との関わりから自らの命を感じるとともに考えるきっかけになるでしょう。現代の子どもにとって自然は決して身近ではなく，インターネットやテレビなどのメディアでの間接的な体験の機会の方が多いという現状があります。自然と直接関わる機会が少なくなっている中で，ねずみのぼくの感動を表した言葉は子どもたちにとって必要な言葉だと思い，ねずみのぼくがこの言葉を発したような命を感じられる自然体験が今必要だと思います。

　身近に森が減っている現状や自然に対するネガティブな印象から体験に消極的になってしまうことなどが考えられます。身近にある環境に親しみ，この絵本の良さを生かす必要があると思います。（菅原　光拳）

『やさいのおしゃべり』作：泉なほ，絵：いもと　ようこ
金の星社，2005 年 5 月 第 1 刷，2009 年 10 月 第 23 刷

(ストーリー)

　れいちゃんの家の冷蔵庫の中から，なにやら声が聞こえてきます。「お 2 かいのれいぞうしつでも，かまぼこさんやハムちゃんが，カビがはえるまでほうっておかれたりしているらしいよ」「3 がいのれいとうしつはもっとひどいらしいぞ。3 ねんまえのごはんが，まだこおっているらしい……」冷蔵庫の中の野菜たちがおしゃべりをしています。なかなか食べてもらえず，ほうっておかれて，みんな口々に文句を言っています。食べてもらえるとうれしいけれど，いつまでも冷蔵庫の中で食べてもらえないまま傷んでいくのは悲しい。
　今日は誰が食べてもらえるんだろう。冷蔵庫の中の野菜たちの悲喜こもごもが描かれています。

(コメント)

　食べ物を粗末にしてはいけない，むだにしてはいけないということを，小さな子どもたちにもわかるように，食べ物の視点から訴えている絵本です。

　この絵本には，れいちゃんのお母さんの顔が出てきません。必要なものだけを買うのではなく，広告につられてついたくさん買ってしまう。買ってきたものを冷蔵庫に放り込んで，そのまま忘れてしまう。それが当たり前になっているおとなの消費生活文化に警鐘を鳴らし，そのおとなの象徴として顔のないお母さんが描かれているのではないでしょうか。それと対照的に，子どものれいちゃんの顔ははっきり描かれています。「もう１ねんせいになったから，すききらいはしないってきめたの」という言葉に主体性が感じられ，子どもたちは励まされます。

　いもとようこさんのほのぼのとした温かみのある絵も，この本の魅力の１つになっています。かわいい野菜の絵に引き込まれ，野菜たちの言葉が素直に子どもたちに受け入れられると思います。食べ物は飾りではありません。食べられるものであり，そこに価値があります。野菜たちのおしゃべりを楽しみながら，食べ物を無駄にしていけないという作者の思いがしぜんに伝わってきます。誰にでも好き嫌いはありますが，食べ物の気持ち（食べ物からの視点）にふれたとき，嫌いなものでも「ちょっと食べてみようかな」という気持ちになるでしょう。

　この絵本を読んだ子どもたちは，家に帰ったらすぐ冷蔵庫の中を点検するかもしれません。お母さん・お父さんにとってはちょっと怖い本かもしれませんね。

　読み聞かせをするときには，子どもたちに野菜の気持ちがよくわかるように，野菜の言葉はていねいに，野菜の気持ちになって読んであげてください。

(尾崎 優)

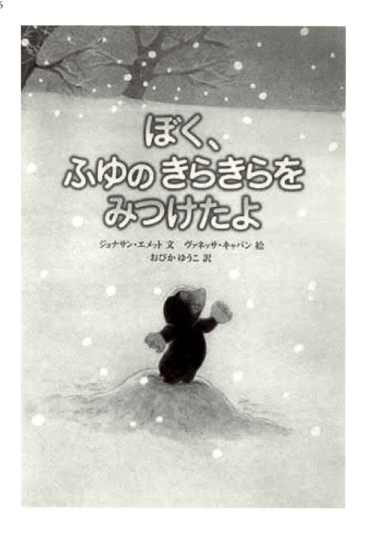

『ぼく、ふゆのきらきらをみつけたよ』作:ジョナサン・エメット,絵:ヴァネッサ・キャバン,訳:おびかゆうこ,徳間書店,2006年10月31日第1刷

(ストーリー)
ある冬の夕方のこと,モグラは土の中から顔を出して初めて雪を見ました。

不思議そうにモグラが歩いているときらきら光る「まほうのたからもの」を見つけました。その「まほうのたからもの」をおうちに持って帰ろうとしましたが，なんと「まほうのたからもの」が消えてしまったのです。そのことをうさぎさんたちに話し，つららだとわかったモグラはがっかりしました。もう一度見ようと「まほうのたからもの」を見つけたほうを見ると……。つららの木が夕日に照らされて光り輝いていました。それを見たモグラは「ほらね，やっぱり まほうだったんだよ！」と胸を張ってうれしそうに言ってお家へ帰るというストーリになっています。

（コメント）
　冬の景色，雪，つららを見た時，北海道で育った私もわくわくドキドキしました。雪だるまを作ったり，雪合戦をしたり，モグラと同じようにつららを見つけてとってみたりしていました。冷たさを感じたり白い雪に色を付けてみたりしていました。そのわくわくドキドキした感情，つららが光できらきら光って輝いている様子等冬の素晴らしさを感じていました。雪が降った時はとてもうれしかった記憶があります。しかし，大人になるにつれ，初めて見た時の感動を忘れ，それが当たり前のものであると感じ，雪の素晴らしさを感じにくくなったのでした。いつの間にかわくわくドキドキした感情を忘れてしまっていたのです。その忘れた感情をこの本を通して思い出しました。子どもの時のわくわくドキドキした経験が大切であるということも感じました。つららがつるつるして滑るのを感じたり溶けたりと五感を使って感じるものが冬には多くあります。この絵本ではつるつるやつるりなど擬音語がつかわれており，つららについてより一層感じることができます。冬の素晴らしさもこの絵本を通して感じてもらえることができると思います。（河野 純平）

『ひとりぼっちのさいしゅうれっしゃ』作，絵：いわむらかずお
偕成社，1985 年 12 月 第 1 刷，2013 年 10 月 第 26 刷

(ストーリー)
　秋の日暮れ時，ぼく（旅人）は里山の無人駅でたった 2 両の最終列車に乗ります。地元の高校生やおじいさん，おばあさんたちがたくさん乗っています。疲れから眠ってしまい，目を覚ますともう車内にはぼくだけしか乗っていません。
　誰も乗っていないと思っていた列車の中で，4 匹のネズミが話をしていました。耳をすますと，人間の言葉，それもこの辺りの方言で話しています。次の駅で乗

ってきたのは2頭のイノシシです。そして無人駅に停車するたびに，さまざまな動物が次々と乗り合わせてきます。動物たちは，人間の都合ですみかを追われたり，肉親を殺されたりした身の上話を始めます。畑のいもを食って殺されたいのしし。「いくら，にんげんのものちゅうても，いも食ったぐれえで，死けいちゃあんめいな」とネズミ。卵を生まないおすだからつぶされることを知り，逃げ出したちゃぼ。旅人はそっと耳をそばだてます。今夜，動物たちの寄り合いがあり，そこで山の生き物がこれからどうやって生きていけばいいのか，話し合われるのです。目的の駅に着くと，動物たちはみな降りてしまいました。列車の中はまたぼく1人になってしまいます。

車掌室から車掌さんが出てきました。乗っていた動物たちのことを聞くと，「夢みてたんでしょう」と言われてしまいます。

（コメント）
自然の中で暮らす野ネズミたちの愛くるしい姿が描かれた絵本『14ひきのシリーズ』は，各国で翻訳されるロングセラーです。その作者として知られる絵本作家いわむらかずおさんが，人間にすみかを追われる野生動物の悲哀を描くとともに，人間の傲慢さを静かにあぶり出した作品です。

『14ひきのシリーズ』の明るい画風とは異なり，闇夜を走る列車内の絵は薄暗く，登場する動物たちも，『14ひきのシリーズ』のネズミたちのような明るさはありません。いわむらさんは「人間の身勝手さは，本を書いた約30年前から変わらない」「いつか自然や動物が人間を見放すかもしれない。私たちは原発事故を謙虚に反省し続けなければ」と，東京電力福島原発事故を経ても原発の再稼働に向かっている社会に厳しいまなざしを向けます。この本を読んだひとりひとりが，野生動物に対してどう理解し，考え，行動するのかが問われています。

方言のやりとりのおもしろさも，この絵本の魅力の1つですし，列車のモデルは，栃木県内などを走る真岡鉄道の前身にあたる旧国鉄真岡線のディーゼル車です。いわむらさんの，地方の文化を大切にするこだわりが感じられます。いわむらさんがこの線を利用していた頃，列車に乗り込む子ダヌキと鉢合わせしたり，クジャクとチャボが自宅に迷い込んできたりしたそうです。こうした経験が「彼らの側に立った作品を作りたい」という思いにつながったのです。

絵本ではありますが，子ども向けというより，ぜひおとなに読んでもらいたい作品です。（尾崎 優）

『やさしいライオン』作：やなせ たかし
フレーベル館，1975年1月第1刷，2015年8月第75刷

（ストーリー）
　ある野外動物園に，みなしごのライオンがいました。いつもふるえていたのでブルブル。
　1匹のメス犬が違う動物ですが，お母さんになりました。むくむく太っているのでムクムク。ブルブルはムクムクにたっぷりの愛情に包まれて大事に育てられ，お母さんより大きなライオンになりました。
　ある日，ブルブルは都会の動物園に移され，ムクムクと離ればなれになって

しまいました。ブルブルはサーカスの人気者になりましたが，夜になるとムクムクのことを思い出すのでした。

　ある晩，遠くから懐かしいムクムクの子守歌が聞こえてきました。「お母さんだ！」と，ブルブルは檻をやぶって飛び出しました。街の人や警官隊は大騒ぎになりました。

　街はずれの白い雪の丘で死にそうなムクムクを発見しました。ふたりは「今度こそ一緒に暮らそうね」と抱き合いました。その瞬間，警察隊に銃で撃たれてしまったのです。

　その夜，街の人々は年老いた犬を背中に背負ったライオンが，空を飛んでいくのを見ました。

（コメント）
　作者は，2013年10月94歳で亡くなった，やなせたかしです。『やさしいライオン』は，初めラジオドラマとして発表されました。ちいさな子どもたちが大好きなヒーロー・アンパンマンの下敷きになった作品で，自身の過酷な戦争体験から生まれたといいます。
　後に親交のあった手塚治が，アニメーションにし絵本と共に氏の代表作として今でも人気を博しています。
　ブルブルは，生まれてすぐに母親をなくしたみなしごです。ムクムクもまた赤ちゃんを亡くして泣き暮らしていたときにブルブルと出会い，我が子として慈しんで育てました。
　母と子の普遍の愛の物語です。
　ブルブルは自分を犬だと思って育ったのでしょう。やさしいライオンなのに人間から脅威の的になってしまいます。ムクムクへの思いだけで街へ飛び出し駆け抜けてしまったのです。せつなく悲しい結末ですが，同時にもう決して離ればなれにならずにふたり仲良く暮らしているだろうと希望と励ましに包まれます。
　やなせたかしは，子どもたちに生きるとはどういうことかを投げかけているのでしょう。長い道のりには喜怒哀楽がまっているだろうが，人を見た目で判断することなく，誰とも仲良く連帯し，お互いのいのちを大切にしていくというメッセージが暖かいタッチの絵に込められていると思います。（岸　康裕）

『ほんとに ほんとに ほしいもの』作・絵：ベラBウィリアムズ，訳：佐野洋子
あかね書房，1998年4月20日 第1刷

(ストーリー)
　主人公の少女ローザの家族は，1つのびんに少しずつお金を貯めています。貯めたお金でローザの誕生日プレゼントを買うことになり，ローザとかあさんは「ほんとにほんとにすきなものを買うんだよ」とおばあさんから声をかけられ街に出ます。ローザは今まで欲しかった，流行りのローラースケートなどを見にいきますが，お金を払う直前になって，今までびんにためてきたお金を空っぽにしてまで欲しいものかわからなくなり，結局買わずに店を出ました。ローザは，いくつかの店に行き，買うものが決まりそうになりますが，お金を払う直前になって，同じようにやめることをくり返します。結局この日は買うものが決まることはあ

りませんでした。その夜、お星さまに「ほんとにほしいものは何なのかを教えて」と願うと、誰かが街灯の下で弾くアコーディオンの音が聞こえてきます。ローザのおばあちゃんもアコーディオンを弾いていた話を聞いたローザは、アコーディオンがほんとにほしかったものだったのだということに気づきます。ローザの誕生日プレゼントは、中古のアコーディオンになりました。

（コメント）
　この絵本は、1作目の『かあさんのいす』、3作目の『うたいましょうおどりましょう』の3つのシリーズ絵本のうち2番目のものです。いずれも、びんに貯めたお金をめぐる物語です。
　さて、ローザは何度も買うものを決めかけますがやめてしまいます。この行動はびんのお金をとても大事に思っていたローザだからこそです。一方、私たち大人の中には「これ欲しい」と思って買ってはみたものの、あまり使うことなく家のどこかで眠っていたり、捨ててしまったりという経験をしたことがある人は多いのではないでしょうか。この絵本は、買う前によく考えることの大事さについて教えてくれます。よく考えて必要なものだけを買うことは、環境に配慮した消費者を育む上でとても大切な視点です。また、このようにしてよく考えて本当に必要なものだけを買うことで、ものを大切にする気持ちも養われるのではないでしょうか。
　また、ローザは、ほしいものを買う前に、ローラースケートで遊ぶ姿や、ナップザックにいろんなものを詰めこんでキャンプを楽しむ姿など、自分が買ったものを使う姿を思い浮かべました。そしてびんを空っぽにしてまで欲しいものなのかを考えましたが、このことはローザ自身が本当にやりたいことをみつける、自分探しということでもありました。（渡部 裕司）

『しゃもじいさん』作：かとうまふみ
あかね書房, 2012年12月3日 第1刷

(ストーリー)
　しゃもじのおじいさん,「しゃもじいさん」は，古びてきたために仕事がめっきりなくなっていました。ある夜,「自分はまだ働ける」と考えるしゃもじいさんは，新たな仕事先を求めて旅に出ます。しゃもじいさんが歩いて行くと，捨て

第2章　絵本の森の羅針盤——環境教育／ESDをすすめる絵本紹介　　115

られたお茶わんやお皿たちと出会い，一緒に自分たちを使ってくれる所を探します。しかし，どの家もたくさんのものにあふれていて，新しい仕事場はどこにもありません。しゃもじいさんたちは，街はずれのちいさなお寺にたどりつき，最後の望みをかけてお寺のおしょうさんに私たちを使ってくれと頼みます。しかし断られてしまい，「こんなこわれたきたないモノ，つかえんわい」と言われてしまいます。この言葉にしゃもじいさんたちは怒り，道具たちはなんとばけものに変身し，おしょうさんを襲います。ここで，お寺のこぞう2人が「修理させてください」とさけび，しゃもじいさんたちの怒りはおさまります。こぞうたちによってしゃもじいさんたちは修理され，お寺が新たな仕事場になりました。

（コメント）
　この絵本はしゃもじなどの，私たちの生活を支えている道具たちを主人公としています。登場する道具たちは使い古されて仕事がなく，このままでは捨てられる運命にあります。この絵本では，乱暴に扱うことでこわしてしまったり，まだ使えるのに新しい道具に買いかえて捨ててしまったりという，大量生産・大量消費・大量廃棄型の生活を何の疑問もなく送っている人間に対して，道具たちからの強い問いかけのメッセージを読み取ることができます。また，絵に描かれるしゃもじいさんたちの表情や，ばけものに変身するといった絵本ならではの展開が，私たち読み手の心を引きつけます。
　道具の立場から描かれたこの絵本を読んだ子どもは，きっと道具を大切にしようという気持ちが芽生えることでしょう。むしろ，大人もこの絵本を読むことで，自身の道具の取り扱い方などを反省させられたり，ドキッとすることがあるかもしれません。
　また，道具たちが修理される場面や巻末では，実際に道具を手入れする方法も紹介されており，現実の生活でも道具の手入れに挑戦するきっかけにもなります。近年では価格は安くともプラスチック製で修理等ができない製品も増えているところですが，手入れをすれば長く使えるという観点から，道具の選び方そのものを見直すことにもつながるかもしれません。（渡部　裕司）

絵本分類一覧

科学的認識アプローチ絵本 ←――――――――→ 文学的認識アプローチ絵本

図鑑絵本／事実物語絵本	文学的科学的認識絵本	文学的真理／モラル絵本
・さかなのかお ・やさいのおなか ・じめんのうえとじめんのした ・おなら ・CO_2 ・雑草のくらし ・たべることはつながること ・エネルギーってなんだろう ・りっぱなうんち ・ひめゆり ・リュウキュウアユ，かえってきてね ・いのちをいただく ★のにっき ・ゆきのうえのあしあと ★ちきゅうがウンチだらけにならないわけ ★チョコレートがおいしいわけ ・つなみ ★まほうの夏 ★希望の牧場 ★やまからにげてきた・ごみをポイポイ ★木はいいなあ ★いっぽんの木 ★トキのキンちゃん ★みなまたの木 ★ふくしまからきた子 ★海をかえして ★ぼくはフクロウを飼っている ★とらばあちゃんのうめしごと ★おじいちゃんのカブづくり ★山に木を植えました ★みんなうんち	・ウナギのうーちゃん ・しれとこきょうだいヒグマ ・ヌプとカナ ・ピリカ，お母さんへの旅 ・つばめのハテイハテイ ・ぼくからみると ・もこもこもこ ・うんこ ・エゾオオカミ物語 ・タンゲくん ★オニヤンマ空へ ★ほうれんそうはないています ★チロヌップのきつね ★トビウオのぼうやはびょうきです ★猫は生きている ★やぎのしずか ★いつかどんぐりの木が ★しょうぶだ！ぴょんすけとぴった ★そらの木 ・ジュゴンのくる海 ★おおきなきがほしい	・ハチドリのひとしずく ★わすれられないおくりもの ・葉っぱのフレディ ・100万回生きたねこ ・どんなにきみがすきだかあててごらん ・100まんびきのねこ ・おなかのすくさんぽ ・どんどん どんどん ・かいじゅうたちのいるところ ・もりのなかへ ・またもりへ ・ぐりとぐら ・バムとケロのにちようび ★つみきの家 ★おくりものはナンニモナイ ★へいわってすてきだな ★そのつもり ★あの森へ ★やさいのおしゃべり ★ぼく，ふゆのきらきらをみつけたよ ★ひとりぼっちのさいしゅうれっしゃ ★やさしいライオン ★ほんとにほんとにほしいもの ★しゃもじいさん

本書紹介絵本は科学的認識アプローチ絵本から文学的認識アプローチ絵本へ，という傾向に沿って掲載しました。厳密な意味での分類ではありません。★は本書に紹介が載っています。

参考文献

※〔　〕は本書掲載ページ

『あの森へ』作：クレア・A・ニヴォラ，訳：柳田邦男，評論社，2004 年 6 月 15 日第 1 刷，2008 年 第 3 刷〔102 〜 103〕。

『いっぽんの木』作：ウルコ・ラポンデール，訳：横山和子，ほるぷ出版，1993 年 2 月 25 日 第 1 刷〔50 〜 51〕。

『いつか どんぐりの木が』作：イヴ・バンティング，絵：ロナルド・ハイムラー，訳：はしもとひろみ，岩崎書店，2000 年 10 月 31 日 第 1 刷〔82 〜 83〕。

『海をかえして』作：丘修三，絵：長野ヒデ子，童心社，1997 年 8 月 第 1 刷，1998 年 11 月 第 6 刷〔58 〜 59〕。

『おおきなきがほしい』文：佐藤さとる，絵：村上勉，偕成社，1971 年 1 月 第 1 刷，2009 年 6 月 第 144 刷〔90 〜 91〕。

『おくりものはナンニモナイ（The Gift of Nothing）』作：パトリック・マクドネル，訳：谷川俊太郎，あすなろ書房，2005 年 10 月 30 日 第 1 刷，2014 年 10 月 30 日 第 20 刷〔96 〜 97〕。

『おじいちゃんのカブづくり』作，絵：つちだよしはる，そうえん社，2008 年 2 月 第 1 刷〔64 〜 65〕。

『オニヤンマ　空へ』作：最上一平　絵：市居みか，岩崎書店，2002 年 7 月 10 日 第 1 刷〔70 〜 71〕。

『木はいいなあ』作：ユードリイ，絵：シーモント，偕成社，1976 年 1 月 第 1 刷，2008 年 11 月 第 51 刷〔48 〜 49〕。

『希望の牧場』作：森絵都，絵：吉田尚令，岩崎書店 2014 年 9 月 第 1 刷〔44 〜 45〕。

『しゃもじいさん』作：かとうまふみ，あかね書房，2012 年 12 月 3 日 第 1 刷〔114 〜 115〕。

『ジュゴンのくる海』文：宮里きみよ，絵：ふりやかよこ，新日本出版，2001 年 3 月 25 日 第 1 刷〔88 〜 89〕。

『しょうぶだ！ぴゅんすけとぴった』作：串井てつお，PHP 研究所，2012 年 4 月 25 日 第 1 刷〔84 〜 85〕。

『そのつもり』作：荒井良二，講談社，1997 年 12 月 10 日 第 1 刷，2008 年 10 月 3 日 第 4 刷〔100 〜 101〕。

『そらの木』作・絵：北見葉胡，岩崎書店，2008 年 4 月 30 日 第 1 刷〔86 〜 87〕。

『ちきゅうがウンチだらけにならないわけ』作：松岡たつひで，福音館書店，2013 年 6 月 20 日 第 1 刷，2014 年 4 月 15 日 第 4 刷〔40 〜 41〕。

『チョコレートがおいしいわけ』作：はんだのどか，アリス館，2010 年 2 月 10 日 第 1 刷〔38 〜 39〕。

『チロヌップのきつね』作・絵：たかはしひろゆき，金の星社，1972 年 8 月 第 1 刷，2015 年 2 月 第 143 刷〔74 〜 75〕。

『つみきのいえ』絵：加藤久仁生，文：平田研也，白泉社，2002 年 10 月 21 日 第 1 刷，2003 年 3 月 20 日 第 6 刷〔94 〜 95〕。

『トキのキンちゃん』作：いもとようこ，岩崎書店，2006 年 8 月 20 日 第 1 刷〔52 〜 53〕。

『トビウオのぼうやはびょうきです』作：いぬいとみこ，絵：津田櫓冬，金の星社，1982 年 7 月 第 1 刷，2014 年 6 月 第 82 刷〔76 〜 77〕。

『とらばあちゃんのうめしごと』文：いちかわけいこ，絵：垂石眞子，アリス館，2010 年 6 月 1 日 第 1 刷〔62 〜 63〕。

『猫は生きている』作：早乙女勝元，絵：田島征三，理論社，1973 年 第 1 刷，2000 年 7 月 第 80 刷〔78 〜 79〕。

『のにっき』作：近藤薫美子，アリス館，1998 年 6 月 3 日 第 1 刷，2006 年 8 月 25 日 第 7 刷〔36 〜 37〕。

『ひとりぼっちのさいしゅうれっしゃ』作，絵：いわむらかずお，偕成社，1985 年 12 月 第 1 刷，2013 年 10 月 第 26 刷〔108 〜 109〕。

『ふくしまからきた子』作：松本猛・松本春野，絵：松本春野，岩崎書店，2012 年 4 月 1 日 第 1 刷〔56 〜 57〕。

『へいわってすてきだね』詩：安里有生，画：長谷川義史，ブロンズ新社，2014 年 6 月 23 日 第 1 刷，2014 年 7 月 10 日 第 4 刷〔98 〜 99〕。

『ほうれんそうはないています』文：鎌田實，絵：長谷川義史，ポプラ社，2014 年 3 月 第 1 刷〔72 〜 73〕。

『ぼくはフクロウを飼っている』作：下田知美，偕成社，2015 年 2 月 第 1 刷〔60 〜 61〕。

『ぼく，ふゆのきらきらをみつけたよ』作：ジョナサン・エメット，絵：ヴァネッサ・キャバン，訳：おびかゆうこ，徳間書店，2006 年 10 月 31 日 第 1 刷〔106 〜 107〕。

『ほんとに ほんとに ほしいもの』作・絵：ベラ B ウィリアムズ，訳：佐野洋子，あかね書房，1998 年 4 月 20 日 第 1 刷〔112 〜 113〕。

『まほうの夏』作：藤原一枝・はたこうしろう，絵：はたこうしろう，岩崎書店，2002 年 5 月 10 日 第 1 刷，2008 年 8 月 5 日 第 10 刷〔42 〜 43〕。

『みなまたの木』絵と文：三枝三七子，監修：原田正純，創英社，2011 年 9 月 20 日 第 1 刷〔54 〜 55〕。

『みんな うんち』作：五味 太郎，1977 年 7 月，福音館書店，1981 年 2 月 第 1 刷，2000 年 4 月 第 56 刷〔68 ～ 69〕。

『やぎのしずか ①～③』①～③ 作：田島征三，文化出版局，1975 年 3 月 第 1 刷，同シリーズ ①～⑦ 偕成社，1983 年〔80 ～ 81〕。

『やさいのおしゃべり』作：泉なほ，絵：いもとようこ，金の星社，2005 年 5 月 第 1 刷，2009 年 10 月 第 23 刷〔104 ～ 105〕。

『やさしいライオン』作：やなせたかし，フレーベル館，1975 年 1 月 第 1 刷，2015 年 8 月 第 75 刷〔110 ～ 111〕。

『やまからにげてきた』『ゴミをぽいぽい』作：田島征三，童心社，1993 年 2 月 第 1 刷，2012 年 4 月 第 17 刷〔46 ～ 47〕。

『山に木を植えました』作・絵：スギヤマカナヨ，監修：畠山重篤，講談社，2008 年 5 月 28 日 第 1 刷〔66 ～ 67〕。

『わすれられないおくりもの』作：スーザン・バーレイ，訳：小川仁央，評論社，1986 年 10 月 第 1 刷，1994 年 10 月 第 16 刷〔92 ～ 93〕。

執筆者紹介

大森　享（北海道教育大学釧路校教授）：第 1 章。

内藤　谿子（元東京都公立小学校教員元国語教科書編集委員，東京児童言語研究会会員）コラム 1 。

諌山　邦子（北海道教育大学釧路校准教授）：コラム 2 。

渡部　裕司（東京学芸大学大学院）：第 2 章，コラム 3 。

戸川　久美（NPO トラ・ゾウ保護基金理事長）：コラム 4 。

岸　康裕（都留文科大学，埼玉大学非常勤講師）：第 2 章。

尾崎　優（子どもの環境教育／ESD 研究所事務局長）：第 2 章。

北海道教育大学釧路校大森研究室 4 年生（大成菜摘，山根彩，菅原光拳，奈良山稔里，吉沢信也，河野純平）：第 2 章。

琉球大学教育学部 4 年生（長谷場舞）：第 2 章。

環境教育／ESD絵本試論
――「対象・関係認識を育み，他者性・当事者性理解を促すために」――

2015 年 12 月 15 日　第 1 版第 1 刷印刷
2015 年 12 月 25 日　第 1 版第 1 刷発行

　　　　　　　　　　　　　　　　　編　者　　大　森　　享
　　　　　　　　　　　　　　　　　発行者　　千　田　顯　史

〒113―0033　東京都文京区本郷 4 丁目17―2
発行所　　（株）創風社　電話（03）3818―4161　FAX（03）3818―4173
　　　　　　　　　　　振替 00120―1―129648
　　　　　　　http://www.soufusha.co.jp

落丁本・乱丁本はおとりかえいたします　　　　印刷・製本　光陽メディア

ISBN978―4―88352―229―3